Fui hecha para
DESEAR

NO SOLO DE PAN VIVIRÁ
LA MUJER

LYSA TerKeurst

La misión de Editorial Vida es ser la compañía líder en comunicación cristiana que satisfaga las necesidades de las personas, con recursos cuyo contenido glorifique al Señor Jesucristo y promueva principios bíblicos.

FUI HECHA PARA DESEAR
Edición en español publicada por
Editorial Vida – 2011
Miami, Florida

Originally published in English under the title:
   Made to Crave
   Copyright © 2010 by Lysa TerKeurst
Published by permission of Zondervan, Grand Rapids, Michigan 49530.

Traducción: *Wendy Bello*
Edición: *Silvia Himitian*
Diseño interior: *Base creativa*

ISBN: 978-0-8297-6042-2

CATEGORÍA: Vida cristiana/Mujeres

IMPRESO EN ESTADOS UNIDOS DE AMÉRICA
PRINTED IN THE UNITED STATES OF AMERICA

11 12 13 ❖ 6 5 4 3

Este libro está dedicado a ti, amiga mía. Aunque yo no conozco tu nombre, Dios sí. Yo creo que él te llevó a escoger este libro porque quiere que sepas que tu problema con la comida no es una maldición sino una puerta a través de la que él puede tocar los lugares menos tratados de tu corazón y ayudarte a descubrir una satisfacción profunda que solo él puede dar.

Adelante, atrévete a creer que en esta ocasión las cosas serán diferentes.

Contenido

Agradecimientos

Art: Gracias porque nunca me dejaste conformarme en cuanto a mi estado salud. Y gracias por amarme a pesar de que te he preguntado miles de veces si mis posaderas lucían grandes. Me encanta la manera en que siempre dices: «No». Pero aún así me da mucha risa que la primera canción de tu iPod declare: «Las chicas con el trasero gordo, hacen que el mundo gire». Te amaré siempre.

A mis cinco bendiciones prioritarias… Jackson, Mark, Hope, Ashley, y Brooke: Que siempre anhelen más de Dios. Los amo mucho, mucho.

A Holly: Nunca hubiera podido lanzarme a esta travesía sin ti. No puedo expresar en palabras la profundidad de cuánto te aprecio. Gracias por procesar cada palabra de este libro durante nuestras carreras matutinas.

A Marybeth: Gracias por pasarte horas en el teléfono asegurándome que si tú pudiste hacerlo, yo también podría.

A LeAnn: Gracias por no botarme de tu oficina cuando te pedí que me acompañaras en esta travesía. ¡Tú me inspiras! Tu amor por mí y por este ministerio es algo que agradezco a Dios todos los días.

A Karen: Me encanta ser una de tus tres hebras. ¡Puedes lograrlo, muchacha!

Al personal y a los equipos ministeriales de los Ministerios Proverbios 31: No existe otro grupo de mujeres con el que quisiera compartir mi vida y ministerio. Es un honor conocerlas.

A Rob y Ashley Eagar: Estaré agradecida eternamente por el compromiso que ustedes tienen con la excelencia. Gracias por impulsarme a buscar más adentro, a esforzarme más y a nunca conformarme con menos.

A Esther Fedderkevich: Eres mucho más que una agente publicitaria, eres una de mis mejores amigas. Gracias por creer en este mensaje incluso cuando yo estaba convencida de que solo tres personas en este mundo querrían leerlo.

A Sandy, Dudley, Don, Alicia, Robin, Greg, T.J., Karen, y el resto del equipo de Zondervan: Este libro no sería lo que es sin la experiencia profesional y el compromiso de ustedes. Gracias por captar con tanta claridad la visión de mi mensaje.

Y por último a mi «grupo informático» y a mis amigas especiales del blog, que han recorrido conmigo los primeros bosquejos de este mensaje: Gracias por sus opiniones, su aliento y los testimonios increíbles que me enviaron para recordarme por qué el mensaje de *Fui hecha para desear* es un mensaje necesario. Una nota de agradecimiento especial para: Carrie Gretz, Cindy Creed, Stephanie Gaddis, Adaykis Betancourt, Dana Melton, Kim White, Kelly Willie, Tyler Rowan, Mary Snyder, Jessica Hopper, Doris Collins, Bethany LeBedz, Lisa Smith, Jane Dean, Laura Budke, Kelly Combs, Tiffany Brown, Kirsten Wilson, Deena Kramer, Jodie Wolfe, Denise Landreth, Jennifer Wilson, Laura Snyder, Amia Freeman, Stephanie Clayton, Lori Klaevemann, Melissa Spindler, Ann Clark, Kathy Jackson, Marietta Taylor, Amy Hettinger, Faith Stewart, y Kristie Poovey.

Descubrir qué es lo que «deseas»

Un libro típico que trate sobre decisiones acerca de un estilo de vida saludable debería hablar mucho de vegetales, calorías, alimentos que limpien el colon, y usar expresiones como «tienes», «debes», «o si no…».

Yo tengo un problema con eso. Me lo sé casi todo. Lo que me falta no es «cómo hacerlo». Es «desearlo»… querer realmente producir cambios y decidir que los resultados de esos cambios ameritan el sacrificio. Más de una vez estuve parada en un pasillo de Walmart con uno de esos libro en una mano y la otra metida en uno de los bolsillos traseros de mis pantalones vaqueros. Pantalones que, debo añadir, deseaba que fueran varias tallas más pequeños.

> *Lo que me falta no es «cómo hacerlo». Es «desearlo»… querer realmente producir cambios y decidir que los resultados de esos cambios ameritan el sacrificio.*

Mientras contemplaba el libro sobre cómo comer saludable, un carrito lleno de cosas sin las que me parecía que no podía vivir me devolvía la mirada. De hecho, el carrito se burlaba de mí. Una parte de mi ser odiaba la basura que había en el carrito, pero otra parte, más fuerte, adoraba la comida que allí estaba. Así que volvía a poner el libro en el estante, daba vuelta la cabeza y pensaba: «Otro día, en otra oportunidad. Estoy haciendo lo que puedo».

Habiendo admitido esto, creo que lo adecuado es ser sincera contigo acerca de algunas cosas por anticipado:

1. Emocionalmente soy alérgica al típico libro que trata sobre comer de manera saludable.

2. Ni una sola vez en mi vida he tenido deseos de comerme una zanahoria.

3. No siento alegría al renunciar a dos de las mayores delicias que perciben mis papilas gustativas: las galletas Cheez-Its® y los bizcochos de chocolate, de los que se hacen con la mezcla que viene en caja. De hecho, le he preguntado a Dios si sería algo muy difícil cambiar la estructura molecular de las galletas Cheez-Its® para que fuera como la de los palitos de zanahoria. Los dos son color naranja. Y, en verdad, ¿cuán difícil podría ser eso para alguien que convirtió el agua en vino?

4. No estaba segura de que me correspondiera escribir un libro como este. Soy solo una chica que ama a Jesús y que busca una motivación más profunda para ser y permanecer saludable que simplemente ver el peso que indica la balanza.

Mira, no escribo este libro para que sometas tus papilas gustativas a base de golpes. No escribo este libro porque descubrí un programa de dieta mágico que hará que mañana estés delgada. Y sin duda alguna, no escribo este libro porque sea una experta. Escribo este libro porque he luchado durante demasiado tiempo con la comida que escojo y con mi peso. Y dicen por ahí que la mayoría de mis amigas también pelean esta misma batalla agotadora día tras día.

Lo que me lleva a la quinta cosa que debes saber sobre mí:

5. Comencé esta travesía pesando 167 libras (unos 76 Kg).

Algunos consideran ese peso terriblemente alto. Para mí era señal de que necesitaba hacer algunos cambios. Iba por un camino peligroso para mi salud con ese peso. Después del nacimiento de mi primera hija llegué a pesar casi 200 libras. Y ahora iba de nuevo rumbo a un lugar al que pensé que nunca volvería. Tal vez porque estaba llegando a los cuarenta años, o quizá porque me sentía agotada de buscar una solución milagrosa de un día para otro. Por fin comprendí que el peso seguiría subiendo a menos que yo efectuara cambios.

Pero la idea de dar el paso y anotarme en otra dieta me producía deseos de sentarme a llorar. Y de comer. Y de llorar un poco más... y luego comer más. Bueno, ya captan la idea, no muy agradable, por cierto.

Para otros 167 libras sería el peso ideal. En mi caso, la cifra en sí no era el problema. El problema era cómo me sentía yo mental, espiritual y físicamente. Había llegado la hora de ser sincera conmigo misma.

Creo que todos, en algún momento, llegamos a un punto en nuestra vida en el que tenemos que darle una respuesta absolutamente sincera a la pregunta: «¿Cómo estoy manejando las cosas?». En realidad no se trata de una conversación que tengamos con una amiga o con un familiar. Es una de esas reflexiones que se hacen en medio de la noche, cuando no hay a quién engañar. Y no encontramos manera de pasar por alto las realidades que nos miran directo a la cara.

Yo sabía que algunas cosas de mí misma tenían que cambiar pero me resultaba más fácil poner excusas que afrontarlas. Racionalizar las cosas tiene su atractivo. Dime si puedes identificarte con algo de esto:

Estoy bien en todo lo demás.

Ya estoy haciendo muchos otros sacrificios.

Necesito darme algún gusto en esta etapa de la vida; más adelante resolveré el problema.

No puedo renunciar a esto.

La Biblia no dice específicamente que esté mal.

En verdad no es un problema. Si realmente quisiera hacer un cambio, podría; solo que no deseo encararlo ahora.

Oh, cielos, ¡todo el mundo tiene problemas! ¡Y qué si este es el mío!

Y muchísimas excusas más.

Pero las excusas no me llevaron a ninguna parte, especialmente cuando se trataba de comer saludable. Sospecho que si escogiste este libro, la misma lista de justificaciones han estado jugueteando en tu mente.

Así que este ciclo continuó día tras día, semana tras semana, año tras año. Toda una vida podríamos pasar dando excusas, rindiéndonos, sintiéndonos culpables, decidiendo esforzarnos más, castigándonos mentalmente por no cumplir con la decisión tomada, sintiéndonos fracasadas y luego resignándonos ante el hecho de que las cosas no pueden cambiar.

Y no quiero pasarme la vida entera en este ciclo.

Sospecho que tú tampoco.

Así que, antes de que cierres el libro y te rindas a los antojos nada saludables que gritan dentro de tu cabeza, espera un segundo. No lo hagas. Ya has pasado algunos minutos andando en la dirección correcta al escoger este libro y leer hasta aquí.

El libro que tienes en tus manos pudiera ser el compañero ausente que has estado necesitando junto con cada plan de comidas saludables que has probado y que te han hecho llorar. Creo que te ayudará a descubrir lo que «anhelas». Además de ayudarte a desarrollar el deseo de conquistar tus antojos malsanos, también tiene la clave de algo muy importante para nosotras las mujeres: la desnutrición espiritual. Nos sentimos con un sobrepeso físico y un peso bajo en lo espiritual. Unir estas dos cosas es dar el primer paso en una de las jornadas más significativas que podemos emprender con Dios.

Es más fácil poner excusas que realizar cambios.

Me recuerda un viaje que se describe en Mateo 19. Un joven rico fue a ver a Jesús y le explicó que seguía todas las reglas, pero que, no obstante, le parecía que le faltaba algo en su búsqueda de Dios. «Todos ésos [los mandamientos] los he cumplido», dijo el joven. «¿Qué más me falta?» (Mateo 19:20).

Dudo que Mick Jagger se inspirara en esta historia, pero la pregunta desesperada del joven me recuerda su muy popular canción: «No me satisfago…no, no, no».

Me siento insatisfecho.

Carente.

Incompleto.

Hueco.

Superficial.

¿Qué es lo que me falta?

En otras palabras: *¿Cómo puedo realmente acercarme a Dios?*

Esta pregunta nos hace sentir vulnerables. Es una pregunta con la que nos identificamos.

Jesús le respondió al joven: «Si quieres ser perfecto, anda, vende lo que tienes y dáselo a los pobres, y tendrás tesoro en el cielo. Luego ven y sígueme» (Mateo 19:21).

El joven rico entonces se fue triste porque no quería renunciar al único deseo que lo consumía. Estaba tan absorbido por sus riquezas que no podía ver lo desnutrida que se encontraba su alma. Se parece a la gente de hoy en día, que se niega a comer cosas más saludables en el desayuno, como clara de huevo y frutas, para poder llenarse de rosquillas bañadas en chocolate y salpicadas de caramelos. Incluso cuando les sube el azúcar y se quejan de terribles dolores de cabeza, se niegan a considerar renunciar a las rosquillas.

En mi vida pasada, llena de azúcares, puedo haber pasado una o dos veces por alguna experiencia personal que me llevó a pensar en esa endeble analogía.

De cualquier manera, en ese punto del relato bíblico, la mayoría de nosotras, chicas ordinarias que amamos a Jesús, comenzamos a pensar en toda la gente rica que conocemos. «Bueno, espero que capten el mensaje. Menos mal que yo no soy rica. Menos mal que esto no se aplica a mí. Menos mal que Jesús no me pide que me sacrifique de esa manera».

¿O sí?

Jesús no dijo aquello como un mandamiento arrollador dirigido a todo el que tuviera mucho dinero. Jesús lo dijo para cualquiera de nosotros que estuviera nadando en cualquier tipo de abundancia. Imagino que Jesús miró el alma de este joven cuando expresó algo así como: «Quiero que renuncies a esa cosa que deseas más que a mí. Entonces ven y sígueme».

Una pensamiento que desgarra, ¿verdad?

De repente Jesús no solo estaba mirando al joven rico, sino también a mí. Él me mira por dentro. Aquella parte que no puedo encubrir con excusas y maquillaje.

Cuando Jesús dice: «Sígueme» no se trata de una invitación que busque arrastrar nuestro corazón dividido junto con nosotros mientras intentamos con todas las fuerzas seguir a Dios. Cuando Jesús nos llama a que lo sigamos de verdad, es cosa seria. Así lo describe Jesús: «Si alguien quiere ser mi discípulo..., que se niegue a sí mismo, lleve su cruz y me siga» (Marcos 8:34).

Con Jesús, para ganar, tenemos que darnos por vencidos.

Para ser llenos, tenemos que negarnos a nosotros mismos.

Para acercarnos a Dios, precisamos distanciarnos de otras cosas.

Para lograr una conquista sobre nuestros propios deseos, deberemos redirigirlos hacia Dios.

Dios nos hizo capaces de desear con vehemencia para que desarrolláramos un deseo insaciable de él y solo de él. Nada cambiará hasta que tomemos la decisión de redirigir nuestros antojos descarriados hacia aquel único ser que puede satisfacerlos.

Ser saludables no es una mera cuestión de bajar de peso. No se limita a ajustar nuestra dieta y esperar buenos resultados físicos. Es cuestión de volver a calibrar nuestras almas para querer cambiar espiritual, física y mentalmente. Y la batalla en realidad es en los tres aspectos.

Espiritualmente. Tuve que pedirle a Dios que me diera el deseo de ser saludable. Yo sabía que un «deseo» que fuera tras vanidad no duraría. Los deseos superficiales solo producen esfuerzos superficiales. Tenía que buscar un «anhelo» espiritual, con el poder del propio Dios.

Así que pedí. De hecho, supliqué. Clamé a Dios. Y día tras día Dios me fue dando, junto con su fortaleza, un «deseo» suficiente como para quedar satisfecha al tomar decisiones saludables. El Señor también dejó en claro en mi corazón que este era un problema de gran importancia espiritual. Pensemos en Eva y en una de las primeras interacciones registradas en la Biblia entre una mujer y la comida. Resulta evidente que el centro de la tentación de Eva fue que ella quería ser como Dios, conocer el bien y el mal.

Pero no podemos ignorar el hecho de que *la serpiente usó la comida como instrumento en ese proceso.* Si la propia caída de la humanidad ocurrió cuando Eva se rindió a la tentación de comer algo que no se suponía que comiera, yo creo que nuestras luchas con la comida son importantes para Dios.

Hablaremos de esto más adelante porque hay mucho más que descubrir en lo que se refiere a la historia de Eva. Pero puedo decir con sinceridad que este es uno de los viajes espirituales más significativos que me he atrevido a hacer con Dios. Espero que tú digas lo mismo pronto.

Físicamente. Las perspectivas espirituales de este libro pueden conmover nuestra alma, pero las realidades físicas requieren que ese entendimiento espiritual se transforme en decisiones prácticas.

Cuando comencé este peregrinaje, finalmente tuve que reconocer la verdad de que lo que yo como sí importa. Mi peso es un reflejo directo de las decisiones que tomo y de mi estado de salud. Comencé por una visita al médico, cosa que te recomiendo hacer mucho antes de que empieces con tu plan de comer saludable. El médico me hizo varios exámenes. En aquel momento yo esperaba que él encontrara algo que no funcionara tan bien como para poder perder todo el peso que tenía de más en cuanto él me recetara los medicamentos. Qué pena que no fue así. Con excepción de algunos resultados que indicaron que yo no hacía ejercicios regularmente ni elegía los alimentos más saludables, los exámenes dieron resultados normales.

¡Ayyy! ¿Por qué los médicos siempre dicen lo mismo sobre comer bien y hacer ejercicio? Ha sido el guión estándar de los médicos para cualquier problema que yo haya tenido alguna vez. ¿Te sientes aletargada? Come mejor, haz ejercicio. ¿Te sientes triste? Come mejor, haz ejercicio. Apuesto a que la próxima vez que vaya al médico por un dolor de garganta, dirá lo mismo. Come mejor, haz ejercicio. ¡Misericordia! Y ni hablar del problema que tengo con la balanza del consultorio de mi médico. ¿Qué le pasa a esa cosa? Estoy convencida de que señala que peso mucho solo para darle la razón a él: *¿Ve? Tiene que comer mejor y hacer ejercicio.*

El médico y los resultados de las pruebas tenían razón. Mis problemas con el peso estaban relacionados directamente con la comida que yo decido comer. Punto. Era necesario reconocerlo y hacer algo al respecto.

Mentalmente. Tenía que decidir que estaba cansada de conformarme, cansada de hacer concesiones. Fuimos hechas para algo más que hacer concesiones, fuimos hechas para las promesas de Dios en cada aspecto de nuestras vidas.

De veras. Yo fui hecha para algo más que ese círculo vicioso de comer, subir de peso, estresarme; comer, subir de peso, estresarme... He sido hecha para levantarme, luchar contra mis problemas y, usando la fortaleza del Señor que está en mí, derrotarlos espiritual, física y mentalmente para la gloria de Dios.

Bueno, espero que sigas en esta travesía con el fin de descubrir tu «deseo». No puedo prometerte que sea fácil, pero sí que nunca antes habrás hecho nada que te dé más confianza. Justo hoy me puse unos pantalones vaqueros que pensé que jamás volvería a usar. Y aunque en mi carne hice la danza feliz del éxito, mi alma distaba mucho de tener pensamientos de vanidad.

Mi alma se sintió libre. Me sorprendió que alguna vez yo prefiriera satisfacer a mis papilas gustativas en vez de satisfacer mi deseo de liberarme de toda culpa, destrucción y derrota.

Pero creo que es justo contarte algo más. Encontré mi «deseo de hacerlo». Sí, empecé a comer mejor y a hacer más ejercicio. Sí, bajé de peso. Sí, me siento muy bien. Sí, sin duda me he acercado a Dios más que nunca antes.

Y todavía no se me antoja comer los malditos palitos de zanahoria. Es probable que nunca me suceda.

Pero mis antojos más reales han sido satisfechos, y los tuyos pueden serlo también.

¿Qué es lo que está pasando en realidad?

Hace poco una empresa que se dedica a tratamientos para bajar de peso lanzó una campaña publicitaria brillante. Tal vez hayas visto algunos de los anuncios. Un pequeño monstruo naranja persigue a una mujer, la tienta y provoca con comidas que obviamente no forman parte de su plan de comidas saludables. Los anuncios captan perfectamente lo que es sentirse acosado por antojos el día entero.

Aunque nunca he visto a este monstruo naranja perseguirme, he sentido su presencia. Mi determinación permanece firme hasta que vuelvo a sentir hambre. Y las decisiones no saludables siempre resultan cómodas. Vienen envueltas y bien conservadas, y cantan acerca de momentos azucarados o salados hechos a la medida de un estómago hambriento. No se encuentran frutas frescas ni vegetales convenientemente situados en una máquina expendedora de las cercanías. Así que uno cede ante la bolsa de papitas o el caramelo, porque tiene mucha hambre, y además, ¡será solo por esta vez! Esas calorías vacías de otra cosa que no sea sabor conducen poco después a otras elecciones no saludables.

Ansiamos comer lo que comemos. Así que el ciclo continúa día tras día. Punzadas de hambre que se repiten. Antojo tras antojo. El monstruo naranja nos recuerda todas las opciones deliciosas que nos pueden satisfacer de un modo en que las opciones saludables nunca lo harían.

Pero, aunque el monstruo naranja es una manera excelente de visualizar los antojos, el anuncio se queda corto en su promesa de ayudar realmente a una mujer. La teoría que promueve una empresa para bajar de peso es enseñar a la gente qué alimentos llenan más y promover su consumo. Pero, ¿realmente eso ayuda a vencer los antojos?

Para mí no. La respuesta nunca estará en solo aprender a modificar nuestra manera de elegir. Escoger una comida mejor es, sin duda, parte de esta travesía. Sin embargo, decirme simplemente que coma alimentos más saludables que me ayuden a no sentir hambre por más tiempo no resuelven el quid de la cuestión. Puedo sentirme satisfecha después de una comida y de todos modos desear pastel de chocolate para el postre. Solo no sentir hambre no es la solución que me ayude a seguir un plan de comidas saludables.

Si sentirse satisfecho fuera la respuesta, entonces la cirugía de bypass gástrico resultaría un 100 por ciento exitosa. Esa cirugía disminuye el tamaño del estómago de una persona, y por lo tanto reduce la cantidad de comida necesaria para acabar con la sensación de hambre. Sin embargo, un estudio ha demostrado que el índice de fracaso en pacientes a los que se les hizo un seguimiento al menos durante diez años fue del 20.4 por ciento en pacientes obesos de manera enfermiza y del 34.9 por ciento en pacientes súper obesos.[1] Ni siquiera un número significativo de aquellos cuyas vidas están en peligro (y se han hecho una cirugía tan drástica para ayudar al cuadro) pueden detener siempre sus ansias con solo sentirse satisfechos.

Ansiamos comer lo que comemos.

Entonces, ¿cuál es el problema?

Yo creo que Dios nos ha hecho para sentir ansias. Antes de que creas que eso es un chiste cruel de parte de Dios, déjame asegurarte que la idea nunca fue que el objeto de esas ansias fueran ni la comida ni otras cosas que consumen a las personas, como el sexo, el dinero o la búsqueda de significado.

Piensa en la definición de la palabra *ansias*. ¿Cómo la definirías tú? Diccionarios.com define *ansias* como deseo intenso o vehemente de algo.[2] Considera ahora esta expresión de ansias: «¡Cuán hermosas son tus moradas, SEÑOR Todopoderoso! Anhelo con el alma los atrios del Señor; casi agonizo por estar en ellos. Con el corazón, con todo el cuerpo, canto alegre al Dios de la vida» (Salmo 84:1–2).

Sí, fuimos hechos para ansiar, desear, anhelar con vehemencia... a Dios. Solo a Dios. Pero Satanás intenta hacer todo lo posible para reemplazar nuestras ansias de Dios por alguna otra cosa. Esto es lo que dice la Biblia al respecto: «No amen al mundo ni nada de lo que hay en él. Si alguien ama al mundo, no tiene el amor del Padre. Porque nada de lo que hay en el mundo —los malos deseos del cuerpo, la codicia de los ojos y la arrogancia

> *Fuimos hechos para ansiar, desear, anhelar con vehemencia... a Dios. Solo a Dios.*

de la vida— proviene del Padre sino del mundo» (1 Juan 2:15 – 16). El pasaje detalla tres maneras a través de las que Satanás trata de seducirnos y alejarnos de un Dios amoroso:

- Los malos deseos del cuerpo
- La codicia de los ojos
- La arrogancia de la vida

Vamos a definir estas cosas. Según el comentario en mi Biblia de estudio (NVI), los malos deseos del cuerpo son deseos físicos inapropiados: problemas con la comida o con el sexo fuera del matrimonio. Es decir, tratar de satisfacer nuestras necesidades físicas fuera de la voluntad de Dios. La codicia de los ojos es enamorarse de las cosas materiales. De hecho la Nueva Traducción Viviente iguala la codicia de los ojos a «un deseo insaciable por todo lo que vemos». Y por último, la arrogancia de la vida describe las acciones de una persona que va tras aquello que cree que la hará sentir importante.

Los deseos =	tratar de satisfacer nuestras necesidades físicas fuera de la voluntad de Dios
La codicia de los ojos =	tratar de satisfacer nuestros deseos materiales fuera de la voluntad de Dios
La arrogancia =	tratar de satisfacer nuestra necesidad de significado fuera de la voluntad de Dios

¿Recuerdas que hablamos brevemente de Eva en la introducción? La serpiente la engañó para que comiera del fruto prohibido. Mientras consideraba esa historia me di cuenta de cuán intencionalmente Satanás escoge sus tácticas. Él conoce nuestros puntos débiles. Quiere alejarnos de Dios. Y sabe qué cosas funcionan: los malos deseos del cuerpo, la codicia de los ojos, y la arrogancia de la vida.

Satanás usó las tres tácticas con Eva. «La mujer vio que el fruto del árbol era bueno para comer [los malos deseos del cuerpo], y que tenía buen aspecto [la codicia de los ojos], y era deseable para adquirir sabiduría [la arrogancia de la vida], así que tomó de su fruto y comió» (Génesis 3:6). Eva fue tentada precisamente de las mismas tres maneras sobre las que nos advierte el pasaje de 1 Juan para que no seamos engañados y dejemos de amar a Dios.

Pero la cosa no acaba ahí. Consideremos cómo fue tentado Jesús:

> Luego el Espíritu llevó a Jesús al desierto para que el diablo lo sometiera a tentación. Después de ayunar cuarenta días y cuarenta noches, tuvo hambre. El tentador se le acercó y le propuso:
>
> —Si eres el Hijo de Dios, ordena a estas piedras que se conviertan en pan.
>
> Jesús le respondió:
>
> —Escrito está: «No sólo de pan vive el hombre, sino de toda palabra que sale de la boca de Dios».
>
> Luego el diablo lo llevó a la ciudad santa e hizo que se pusiera de pie sobre la parte más alta del templo, y le dijo:
>
> —Si eres el Hijo de Dios, tírate abajo. Porque escrito está: «Ordenará que sus ángeles te sostengan en sus manos, para que no tropieces con piedra alguna.»
>
> —También está escrito: «No pongas a prueba al Señor tu Dios» —le contestó Jesús.
>
> De nuevo lo tentó el diablo, llevándolo a una montaña muy alta, y le mostró todos los reinos del mundo y su esplendor.
>
> —Todo esto te daré si te postras y me adoras.
>
> —¡Vete, Satanás! —le dijo Jesús—. Porque escrito está: «Adora al Señor tu Dios y sírvele solamente a él».
>
> Entonces el diablo lo dejó, y unos ángeles acudieron a servirle.
> (Mateo 4:1–11)

Otra vez el patrón de la tentación es el mismo:

Deseos: Satanás apeló a los deseos físicos que Jesús tenía de comer.

Codicia: El diablo le prometió a Jesús reinos enteros si se inclinaba ante el dios del materialismo.

Arrogancia: El enemigo incitó a Jesús a demostrar su importancia al obligar a Dios a mandar ángeles para salvarlo.

Pero la diferencia significativa entre Eva y Jesús es esta: Eva se sació del objeto de su deseo. Jesús se sació de la verdad de Dios.

Está claro que yo no estuve en el huerto con Eva, pero en base a las tres frases de Génesis 3:6, no me queda otra alternativa que inferir que nunca le quitó los ojos de encima al fruto: *vio que el fruto era bueno, que tenía buen aspecto, y era deseable.* Ella no se alejó ni se tomó un tiempo para considerar realmente su decisión. No consultó con Adán. No tuvo en cuenta la veracidad de las instrucciones que Dios había dado con claridad. No habló con Dios. Solo se enfocó en el objeto de su obsesión.

Recuerda lo que dije al comienzo de este capítulo…ansiamos comer lo que comemos. Si durante cierto tiempo escogemos cosas saludables, eso parece reprogramar nuestras papilas gustativas. Cuántos más vegetales y frutas comamos, más vegetales y frutas ansiaremos. Sin embargo, si comemos bizcochos y papitas, ansiaremos con desesperación bizcochos y papitas. Eva ansió aquello en lo que se enfocó. Consumimos aquello en lo que pensamos. Y aquello en lo que pensamos puede consumirnos si no somos cuidadosas.

Jesús da un bello ejemplo en cuanto a romper este círculo vicioso de las ansias que nos consumen. Y este es todavía más poderoso cuando entendemos que Jesús, a diferencia de Eva, se encontraba en un estado de completa privación. Eva estaba en un huerto paradisíaco en el que todas sus necesidades eran satisfechas. Jesús había estado en el desierto, ayunando durante cuarenta días. No puedo imaginar un estado de más carencia. Y sin embargo, él se mantuvo fuerte y dio un ejemplo poderoso de cómo escapar de las garras maliciosas de la tentación. Él citó la palabra de Dios. Y nosotras también podemos hacerlo. Cuando nos sentimos carentes, frustradas y consumidas por el deseo de escoger cosas no saludables, podemos también apoyarnos en la Palabra de Dios para recibir ayuda.

Con cada tentación Jesús, sin dudarlo, citó un pasaje de las Escrituras que rechazaba la tentación de Satanás. La verdad es poderosa. Cuanto más saturadas estemos de la verdad, más poder tendremos para resistir las tentaciones. Y más dirigiremos nuestras ansias naturales hacia donde deben ser dirigidas: hacia el Autor de toda verdad.

Ansias. ¿Son ellas una maldición o una bendición? La respuesta depende de lo que ansiemos. Y lo que ansiemos siempre dependerá de lo que consumamos: el objeto de nuestro deseo o Dios y su verdad.

En el capítulo siguiente hablaremos de cómo consumir la verdad de Dios de una manera práctica que realmente nos satisfaga. Por ahora, consideremos lo que significa para el éxito de nuestra trayectoria el citar las Escrituras en medio de un ataque de ansiedad. Uno de los pasajes de las Escrituras más significativos que he usado en este proceso es: «"Todo está permitido", pero no todo es provechoso. "Todo está permitido", pero no todo es constructivo» (1 Corintios 10:23).

> *La verdad es poderosa. Cuanto más nos saturemos de la verdad, más poderosas y resistentes nos volveremos a la tentación.*

En un capítulo posterior hablaremos más sobre este pasaje que yo he citado una y otra vez para recordarme a mí misma que podía comerme el bizcocho de chocolate o las papitas, pero que eso no me beneficiaría de ninguna manera. Pensar en ello me daba las fuerzas para escoger de manera beneficiosa en lugar de regodearme en una elección dañina. En la página 187 encontrarás otros pasajes de las Escrituras que te ayudarán. Proponte anotar los versículos significativos para esta travesía y cítalos en voz alta cada vez que el monstruo naranja trate de convencerte de quedarte un rato con él.

Hermana, yo sé que esto es una batalla, pero no somos impotentes. Cuanto más nos saturemos de la verdad de Dios, más poderosas y resistentes nos volveremos. Continúa en este camino conmigo; no se trata de una respuesta cristiana de plástico. Es algo que cambiará nuestras vidas si se lo permitimos.

Preguntas para reflexionar

1. Una empresa de tratamientos para bajar de peso personifica las ansias como un pequeño monstruo naranja que nos persigue y nos tienta a comer alimentos dañinos. Reflexiona por un momento en tu propia experiencia con respecto a tus deseos recientes y también a aquellos por los que pasaste a través del tiempo.

   • Si pudieras personificar tus ansias en base a tu experiencia, ¿qué forma tomarían? ¿Serían como el pequeño monstruo naranja o tomarían una forma diferente? Describe tus ansias y cómo se comportan.

   • Si pudieras sentarte a mantener una conversación con esas ansias imaginarias, ¿qué crees que ellas te dirían? ¿Qué preguntas querrías hacerles? ¿Cómo imaginas que te responderían?

2. ¿Cómo reaccionas ante la idea de que Dios nos haya hecho para tener ansias (página 18)? ¿Alguna vez has ido tras un ansia —un anhelo, pasión o deseo— que haya hecho una contribución positiva a tu vida? ¿Qué diferencia encuentras entre ese tipo de ansias y el que te lleva a comer de forma no saludable?

3. Si es verdad que fuimos hechas para experimentar ansias, ¿cómo podría eso cambiar la manera en que visualizas tus ansias? ¿Crees que podría ser beneficioso escuchar a tus ansias en lugar de tratar de silenciarlas? Si es así, ¿cuáles podrían ser esos beneficios? Si no, ¿por qué no?

4. La Biblia describe tres maneras en que Satanás trata de atraernos para que no amemos a Dios: ansias, codicia y arrogancia (1 Juan 2:15-16). Lysa explica que Satanás usó estas tácticas tanto con Eva como con Jesús (páginas 20 – 21). Con la lista que aparece a continuación, piensa en las últimas veinticuatro horas, o en los últimos días, para ver si en ella hay algo en lo que hayas sido tentada de forma similar.

- *Ansias: satisfacer los deseos físicos fuera de la voluntad de Dios.* ¿De qué manera fuiste tentada por deseos de cosas tales como comida, alcohol, drogas o sexo?

- *Codicia: tratar de satisfacer nuestros deseos materiales fuera de la voluntad de Dios.* ¿En qué forma fuiste tentada por deseos de cosas materiales: ropa, una cartera de inversiones, electrodomésticos, planes vacacionales, cosméticos, adornos para el hogar, equipos electrónicos, y otros?

- *Arrogancia: tratar de satisfacer nuestra necesidad de significado fuera de la voluntad de Dios.* ¿De qué manera te viste tentada a destacar tu importancia, tal vez mencionando nombres de gente importante, exagerando, fingiendo humildad u otras virtudes, haciendo cosas solo porque sabías que otros te estaban mirando?

De los tres tipos de tentaciones, ¿cuál te resulta más difícil de resistir? ¿Cuál es el más fácil de resistir? ¿Por qué?

5. Jesús cita la verdad de las Escrituras para derrotar a la tentación (página 20). ¿Alguna vez has utilizado las Escrituras de esta manera? ¿Cuál fue el resultado? ¿Qué te parece usar este método para tratar con tus patrones alimenticios dañinos?

Cómo reemplazar esas ansias

Me doy vuelta y miro el reloj. Otro nuevo día. Más allá de toda razón y racionalidad me deslizo de la cama y me quito todo lo que pudiera pesar más de un gramo, mientras me dirijo hacia la balanza. Tal vez hoy la balanza sea mi amiga y no revele mis secretos. Tal vez, de alguna manera, de la noche a la mañana, la estructura molecular de mi cuerpo haya cambiado y hoy, mágicamente, pese menos.

Pero no. Me arranco la hebilla que me sostiene la cola de caballo —caramba, eso también pesa— y decido intentarlo de nuevo. Pero la balanza no cambia de opinión en esta segunda vez. Hoy no es mi amiga.

Decidida a esforzarme más, comer más saludable y escoger mejor, me dirijo a la cocina y ahí mi determinación se derrite como el glaseado de los panecillos con canela que mi hija acaba de sacar del horno. ¡Qué rico! ¡Hmmm! ¡A quién le importa lo que diga la balanza cuando ese panecillo es una delicia y muestra tanto amor!

Dos panecillos y medio después, decido que mañana será un día mucho mejor para cumplir con mi promesa de comer más saludable. Y ya que este es mi último día para comer lo que quiera, más vale que lo aproveche. Otro panecillo, por favor.

A la mañana siguiente me doy la vuelta y miro el reloj. Otro nuevo día. Más allá de toda razón y racionalidad me deslizo de la cama y me quito todo que pudiera pesar más de un gramo, mientras me dirijo hacia la balanza. Tal vez hoy sea el día. Pero, una vez más, no lo es. Me arranco la hebilla que me sostiene la cola de caballo y lo intento otra vez. Pero no.

Decidida a esforzarme más, comer más saludable y escoger mejor, comienzo el día, solo para encontrarme inventando nuevas excusas, racionalizando y haciendo promesas para después.

Siempre para después.

Y el ciclo al que he llegado a odiar y que me siento incapaz de detener continúa. ¿Con quién podría hablar de esto? Si reconozco mi lucha con la comida ante mis amigas, tal vez intenten pedirme cuentas la próxima vez que salgamos juntas. ¿Y si no tengo ganas de que me cuestionen los nachos con queso y cantidad de crema ácida que pido? Les digo que empiezo el lunes siguiente y eso les parecerá bien. Ellas no creen que tenga que hacer cambios.

> Eso en realidad no tenía que ver con la balanza ni con la talla de mi ropa; era una batalla que se libraba en mi corazón.

Pero sí necesitaba hacer cambios. Lo sabía. Porque eso en realidad no tenía que ver con la balanza ni con la talla de mi ropa; era una batalla que se libraba en mi corazón. Yo pensaba, ansiaba y hacía girar mi vida en torno a la comida. Tanto, que sabía que Dios me estaba planteando el desafío de rendirme a su control. Rendirme de verdad. Rendirme al punto de llevar a cabo cambios radicales, quizá más por el bien de mi salud espiritual que por el de mi salud física.

Parte de mi rendición tenía que ver con hacerme una pregunta realmente difícil.

¿Podría hacértela también a ti?

¿Sería posible que amáramos más la comida que a Dios, y que dependiéramos de ella más de lo que dependemos de él?

Antes que arrojes este libro al otro extremo de la habitación y maldigas mi existencia, escúchame. Esta pregunta resulta crucial. Yo tenía que ver el propósito de mi lucha como algo más importante que usar tallas más pequeñas y recibir elogios de otros. Esas cosas eran buenas pero no tan atractivas como el panecillo de canela, el bizcocho de chocolate o las papitas.

Tenía que fundamentarme en algo más que solo en mí misma.

Tenía que ser sincera para admitirlo: yo dependía más de la comida que de Dios. Ansiaba más la comida que a Dios. La comida era mi consuelo. La comida era mi recompensa. La comida era mi gozo.

La comida era aquello a lo que yo acudía en momentos de estrés, tristeza, e incluso en momentos de felicidad.

Y detestaba admitirlo. Me sentía tonta al reconocerlo. Consideraba que eso era un fracaso espiritual.

Les conté al respecto a unas pocas personas y la mayoría pareció apoyarme. Pero una señora bien intencionada, me dijo sarcásticamente algo de lo que otros se hicieron eco en los meses siguientes: «¿Estás haciendo de este asunto de la dieta una cuestión espiritual? ¿A Dios realmente le importa la comida?».

Sí, yo creo que le importa. Si escudriñamos la lista de pasajes bíblicos que se encuentran al final del libro creo que descubriremos que se trata de un asunto que Dios toma muy en serio. De hecho, creo que es un asunto que merece ser estudiado con el deseo de desenterrar las muchas verdades que la Biblia tiene para aquellos que luchan con sus ansias no saludables.

Dios nunca quiso que deseáramos alguna cosa más de lo que lo deseamos a él. Basta echar un simple vistazo a su Palabra para que quede demostrado. Miremos lo que dice la Biblia sobre el pueblo escogido de Dios, los israelitas, cuando estos ansiaron más la comida que a Dios: «Con toda intención pusieron a Dios a prueba, y le exigieron comida a su antojo» (Salmo 78:18).

¡Ay!

¿Y qué pasó con ellos? Nunca llegaron a la tierra prometida. Esa gente vagó por el desierto durante cuarenta años y ni uno de ellos pudo entrar a la tierra que fluye leche y miel. Ni uno. Dios esperó hasta que toda aquella generación muriera antes de permitir que su pueblo entrara en la abundancia de la vida que deseaban con todo su corazón.

No sé tú pero yo no quiero vagar por un «desierto», incapaz de entrar en la vida abundante que Dios tiene para mí porque voluntariamente decido ponerlo a él a prueba... ¡por la comida!

Cuando la comencé supe que esta batalla sería difícil, más difícil de lo que me hubiera imaginado jamás. Pero a lo largo de ella decidí que me enfocaría en Dios y no en la comida. Cada vez que sentía ansias de algo que sabía que no formaba parte de mi plan, usaba esas ansias como un llamado a la oración. Yo ansiaba muchas cosas, así que oraba mucho.

No pases muy rápido este último párrafo. Yo usé mis ansias de comer como un aviso para orar. Era mi manera de derrumbar la montaña de imposibilidades que se alzaba delante de mí y de construir algo nuevo. Mi montaña de imposibilidades estaba constituida por la comida. Ladrillo por ladrillo, me veía desbaratando la montaña de comida y usando aquellos mismos ladrillos para construir una senda de oración, pavimentando el camino hacia la victoria.

> *Cada vez que sentía ansias de algo que sabía que no formaba parte de mi plan, usaba esas ansias como un llamado a la oración. Yo ansiaba muchas cosas, así que oraba mucho.*

¿Las cosas se volvieron más fáciles al visualizarlas a través de este ejemplo sencillo? A veces sí. Y en otras ocasiones mis ansias de comida no saludable me hicieron llorar. En serio, llorar. A veces terminaba en el piso de mi vestidor, orando mientras las lágrimas corrían por mis mejillas. Y me di permiso para llorar, como el salmista: «Atiende, SEÑOR, a mis palabras; toma en cuenta mis gemidos. Escucha mis súplicas, rey mío y Dios mío, porque a ti elevo mi plegaria. Por la mañana, SEÑOR, escuchas mi clamor; por la mañana te presento mis ruegos, y quedo a la espera de tu respuesta» (Salmo 5:1–3). Y eso fue lo que yo hice, literalmente. Cada día y cada deseo se convertían en otro ladrillo que podía poner en mi senda de oración.

«Dios, quiero comerme un pancito hoy. En cambio, estoy comiendo huevos escalfados. Te doy gracias por estos huevos pero seré sincera al decirte que mis ansias por otras cosas son difíciles de resistir. Pero, en lugar de auto compadecerme por lo que *no puedo* comer, voy a decidir celebrar lo que *sí puedo* comer».

«Señor, son las 10:00 a.m. y tengo ansias de comer algo otra vez. Quiero esas galletas que parecen gritar mi nombre, pero en lugar de ir por las galletas, estoy orando. Voy a ser sincera: no quiero orar. Quiero las galletas. En cambio, me voy a comer un puñado de almendras. Y ladrillo por ladrillo… oración tras oración… estableceré un camino para la victoria».

«Señor, es hora de almorzar y todas mis amigas van a un restaurante mexicano. Me encanta la comida mexicana. Sin duda podría justificarme al comer un tazón enorme de tortillas y guacamole ahora mismo. Ha sido un día difícil. Pero una vez más escojo orar a quedarme atascada en mis ansias. Ayúdame, Dios, a sentirme satisfecha con opciones más saludables».

Y así eran mis oraciones durante todo el día. Ponía mis peticiones delante de Dios, y como dice el salmista, quedaba a espera de la respuesta (Salmo 5:3).

Entonces, una mañana, por fin sucedió. Me levanté por primera vez en mucho tiempo y me sentí con una fuerza increíble. Hice la misma rutina loca de la balanza, sin ropa ni hebilla en el pelo, pero solo subí una vez. Los números no habían cambiado todavía, pero mi cabeza sí. Un día de victoria me supo mejor que cualquiera de esos alimentos a los que había renunciado. Había esperado la respuesta usando la oración como guía y lo logré.

Lo logré ese día, y al día siguiente. Y al otro día. ¿Y por qué no aspirar a cuatro días seguidos de victoria? Y quizá uno más.

No puedo prometerte que no habrá más lágrimas. Las habrá. Y no puedo prometerte que la balanza bajará mágicamente tan rápido como quisieras. Es probable que no lo haga. Pero será un comienzo. Un buen comienzo, de verdad.

Preguntas para reflexionar

1. Lysa describe su ritual matutino con la balanza y sus esfuerzos fallidos por comer de manera saludable como un círculo vicioso que se sentía incapaz de detener (página 26). Cuando se trata de nuestra relación con la comida, ¿qué conductas o sucesos repetidos describen mejor ese ciclo que tú experimentas y te sientes incapaz de detener?

2. Tenemos muchas razones para querer comer de manera diferente: bajar de peso, ponernos nuestros pantalones vaqueros favoritos, lucir bien en un evento importante. ¿Qué razones motivan tu deseo de comer de forma más saludable? ¿Esas razones le dan a tu lucha con la comida un motivo lo suficientemente fuerte como para que puedas resistirte a comer aquello que no es saludable? ¿Cómo reaccionas ante esta afirmación de Lysa: «Yo tenía que ver el propósito

de mi lucha como algo más que usar tallas más pequeñas y recibir elogios de otros…Tenía que fundamentarme en algo más que solo en mí misma»?

3. «Tenía que ser sincera y admitirlo: dependía más de la comida que de Dios. Yo ansiaba más la comida que a Dios. La comida era mi consuelo. La comida era mi recompensa. La comida era mi gozo. La comida era aquello a lo que acudía en momentos de estrés, tristeza, e incluso en momentos de felicidad» (página 26-27). Considera tus experiencias con la comida en los últimos días o semanas. En base a la lista que aparece a continuación, ¿recuerdas situaciones específicas en las que acudiste a la comida por esos motivos?

- Consuelo
- Recompensa
- Gozo
- Estrés
- Tristeza
- Felicidad

Al considerar estas mismas situaciones, ¿cuán diferentes crees que hubieran sido tus experiencias si hubieras dependido de Dios, o ansiado a Dios, en lugar de acudir a la comida?

4. ¿Cómo reaccionas ante la idea de usar tus ansias como un aviso para orar? ¿Cómo te ha ayudado o no la oración en tus luchas anteriores con la comida?

5. Ladrillo por ladrillo (o un deseo tras otro), Lysa derrumbó su montaña de imposibilidades y usó los mismos ladrillos para construir una senda de oración y así preparó el camino a la victoria. Ladrillo por ladrillo es una manera eficaz de desbaratar algo, pero se necesita tiempo y un trabajo cuidadoso. En tus batallas con la comida ¿eres más propensa a usar un método drástico y rápido o un método moderado y a largo plazo? ¿Qué pensamientos o sentimientos surgen cuando tratas de desmantelar tu propia montaña de imposibilidades de un deseo a la vez?

Buscar un plan

La primavera pasada, en una ocasión, tomé un atajo por cierto vecindario y vi a un hombre sembrar flores en su jardín. Fue apenas un vistazo rápido, pero lo suficiente como para producir en mí una idea persistente: *Me gustaría tener un jardín bonito*.

Durante años había observado las flores de otros y deseado en secreto tener un jardín propio y exuberante. Sin embargo, la visión de ese hombre escarbando la tierra con sus manos me trajo una nueva revelación. Él tenía ese jardín porque invertía tiempo y energías en cultivarlo. No fue que simplemente lo deseó y este apareció. No esperó tenerlo y este fue. No se levantó un día y encontró que de la tierra había brotado un jardín de hermosos retoños.

No.

Él había trabajado en el jardín. Se había sacrificado por él.

Día tras día. Hilera por hilera. Semilla tras semilla. Planta por planta. Le había requerido esfuerzo, intencionalidad, sudor y determinación. Luego fue necesario tiempo y compromiso antes de que viera algún fruto de su trabajo.

Pero con el tiempo vio un retoño... y luego otro... y luego otro. Yo vi las flores de ese hombre y quise tener las mías, sin la menor idea de todo el trabajo que le había llevado producirlas. Quería las flores pero no el trabajo. ¿No pasa así con muchas cosas en la vida? Queremos los resultados pero no tenemos deseos de realizar el trabajo.

Además de un jardín, durante años yo también anhelé un cuerpo más delgado, pero era indolente en cuanto a cambiar, de verdad, lo que comía. Cuando se trataba de comer, yo presentaba excusas para no tener que entrar en la disciplina necesaria. Luego me sorprendía a mí misma deseando ser más delgada e inventando excusas acerca de mi edad y mi metabolismo, condenando lo injusto de mi disposición genética, y muchas otras cosas.

La realidad era que no podía comer como una atlética adolescente y luego quejarme de que me aparecieran capas extra de grasa.

Ni por la talla de mis pantalones.

Ni de lo abultado de mi barriga.

Ni de que mis brazos comienzan a sacudirse en el aire cuando los alzo.

No puedo tener retoños con solo desearlos, y tampoco puedo hacer que la grasa desaparezca con solo quererlo.

Esa es la cruda realidad.

Y yo sabía que necesitaba un plan.

Tenía una amiga que había encontrado una nutricionista que le gustaba mucho. Ella siguió un plan, controló su problema, bajó de peso, se mantuvo así y experimentó el poder beneficioso del éxito. Mientras me hablaba de su plan, me miró a través de la mesa y me dijo: «Lysa, si haces esto, funcionará».

> *No podía comer como una atlética adolescente y luego quejarme de que me aparecieran capas extra de grasa.*

Yo quería creerle. Deseaba desesperadamente creer que era así. Sabía que concertaría una cita con aquella misma nutricionista.

El día de mi primera cita me senté en mi auto y me reí entre dientes de lo que había escogido como *mi última cena*, la cena antes de enfrentar los cambios.

Miré el plato desechable. Minutos antes había estado lleno de porciones de pizza de la marca Chef Boyardee. El deleite absoluto de las papilas gustativas de mi niñez había sido la pizza barata, congelada. ¿A quién quiero engañar? También había sido el deleite absoluto de mi adultez. Y si esa comida que había escogido no sellaba el pacto con respecto a los cambios que tenían que producirse, sin duda que mi próximo paso, sí.

Lamí el plato. Sí. Sí lo hice. Si esa era la última vez que disfrutaría de esa exquisitez, seguramente que no iba a dejar ni una gota de salsa en el plato. Ni una gota.

Luego me miré en el espejo retrovisor en busca de alguna evidencia. Ya era bastante horrible subirme a una balanza frente a otra mujer. No quería sumarle a esa situación vergonzosa el hecho de que ella tuviera que decirme que tenía la mejilla sucia con salsa de pizza. Y una salsa de pizza de las baratas.

Me miré en el espejo retrovisor y, sin nada más que valor y determinación, ignoré los gritos de mis papilas gustativas y me bajé del auto. Después de meter la barriga dentro del pantalón, mi cuerpo estuvo de acuerdo con mi cabeza: eso era algo que tenía que hacer. Ese día mis papilas gustativas no estuvieron de acuerdo con el resto de mi cuerpo.

En la oficina de la nutricionista me dijeron que estaba pasada de peso. Eso no era noticia. Durante el último año había subido dos tallas de pantalón y ahora incluso mis pantalones grandes se quejaban. Y ni siquiera mi truco de pararme en un solo pie sobre la balanza del baño, sin hebillas en el pelo, podía disminuir el número de kilos, que cada vez aumentaban más.

Algo tenía que cambiar.

Alguien tenía que aprender la disciplina de renunciar a algunas cosas y ese alguien era yo. Y esas «cosas» eran alimentos malos que estaban saboteando mi cuerpo, mi energía mental e incluso mi espíritu.

Una mala elección de alimentos estaba saboteando mi cuerpo, mi energía mental e incluso mi espíritu. La comida se había convertido en una especie de droga.

La comida se había convertido en una especie de droga. Y, sinceramente, es una droga adecuada para una mujer cristiana. En cada evento de la iglesia al que asistía me facilitaban mi droga sin dudarlo ni emitir juicio.

Yo no tenía las luchas a las que hace referencia la mayoría de las personas cuando descubren que alguien tiene problemas con la comida. Yo no era anoréxica ni bulímica. Nunca me mandaba una comilona para luego purgarme. Tampoco comía tanto como para enfermarme, ni nada por el estilo.

Simplemente estaba comiendo demasiada comida del tipo inapropiado y me sentía atrapada en un ciclo de hambre. Tenía hambre constantemente. Y me sentía desanimada y deprimida al ver que mi peso aumentaba, y al mismo tiempo era incapaz de producir los cambios necesarios.

Había bajado de peso antes pero no podía mantenerme así durante mucho tiempo. Mis cambios siempre eran temporales, y por lo tanto los resultados también eran temporales. Dependía demasiado de la comida para encontrar consuelo y no sentía la necesidad de seguir un plan disciplinado a largo plazo para modificar mis hábitos alimenticios. Quería comer lo que quisiera, cuando lo quisiera y en las cantidades que quisiera. Así que, a pesar de hacer ejercicio, lo que comía podía más que yo y los cambios en mi cuerpo revelaban todos mis secretos.

Eso constituye al mismo tiempo la bendición y la maldición de la comida. Las malas decisiones en cuanto a la elección de la comida me traicionaban siempre, fuera en el tamaño de mi cintura, en mi nivel de energía o en mi bienestar general.

Ese día salí del consultorio de la nutricionista con un plan. Bajo la supervisión de ella y teniendo que ir a pesarme una vez por semana para asumir responsabilidad, me sentí con fuerzas por primera vez en mucho tiempo.

El plan que escogí era estricto y restrictivo. Sabía dentro de mí que tenía que ser así. Tenía que romper los ciclos adictivos que mis papilas gustativas tanto ansiaban. Necesitaba entrenar mi cuerpo para que no tuviera hambre constantemente. Tenía que mantener mis niveles de azúcar en sangre bajo control.

El plan de comidas saludables que adopté entonces, y ahora mantengo, es un plan equilibrado de proteínas. Aprendí el tamaño correcto de las porciones, la combinación de alimentos, cuándo comer y qué comer. Todavía como carbohidratos, pero me limito en la cantidad y el tipo. No como la mayoría de los panes, papas, arroz, maíz u otros alimentos ricos en almidón. Sobre todo como carnes bajas en grasa, vegetales y frutas.

¡Pero, espera! No digo que este tenga que ser tu plan. (Necesitas averiguar, consultar con tu médico y crear un plan saludable y realista para *tu* propia vida cotidiana). Estoy diciendo que este es *mi* plan y, lo creas o no, ha llegado a encantarme. Observa que dije «*ha llegado* a encantarme». No voy a negar que algunos días han sido realmente difíciles.

Mi plan es realista, porque las cosas que como son cosas que puedo comprar en el mercado de mi zona y porque mi familia puede comer lo que yo como en la mayoría de los casos. Sin embargo, ellos por lo general comen almidones que yo no como.

Esta travesía implicará hacer algunos sacrificios grandes, pero yo he llegado a ver este proceso como una manera de abrazar las opciones más saludables, en lugar de vivirlo como una privación. En el momento de adoptar opciones saludables hay que aprender ciertas lecciones y adquirir nuevas perspectivas. Las lecciones mentales y espirituales que se obtengan en esta época serán lo que nos equipe para seguir hasta el final. Y para mantenernos saludables y florecientes como el jardín de aquel hombre.

Y hablando de jardines, tengo algo cómico que contarte acerca del plan de comidas saludables que he escogido. Básicamente como lo que come un animal salvaje: carnes y cosas que crecen naturalmente en la tierra. Solo que yo cocino la comida y tengo modales para comer. Las posibilidades de este plan me dieron ánimo enseguida porque todavía no he visto un animal salvaje con sobrepeso o que se queje de su celulitis.

Piénsalo.

Y mientras consideras esa idea un poco tonta, piensa y ora para que algunas amigas se te unan en tu trayectoria. Tengo que decirte que contar con amigas que lleven adelante el mismo plan de comidas ha sido de gran ayuda. Tener un plan es un primer paso crucial; conseguir una amiga o dos que nos acompañen es el siguiente.

Pero mientras, no esperes flores frescas en mi jardín. Eso no es más que un deseo. Una sola chica no puede hacerlo todo, ¿verdad?

> *Esta travesía implicará hacer algunos sacrificios grandes, pero yo he llegado a ver este proceso como una manera de abrazar las opciones más saludables, en lugar de vivirlo como una privación.*

Preguntas para reflexionar

1. ¿Qué ideas, imágenes o emociones asocias con la palabra *plan*? ¿Eres del tipo de personas que dicen: «¡Me encanta tener un plan!» o eres más propensa a decir: «Caramba, ¿no podemos ir con la corriente?».

2. ¿Existe algún aspecto en tu vida en el que tener un plan te resulta bien? Por ejemplo, en las finanzas, para encarar las vacaciones, para realizar las tareas cotidianas, para alcanzar metas profesionales, para leer la Biblia en un año. ¿Te parece beneficioso o restrictivo tener un plan en lo que hace a estos aspectos de tu vida? ¿Cambian tus sentimientos cuando el plan tiene que ver con la alimentación, con lo que puedes o no puedes comer?

3. «Los cambios de mi cuerpo revelaban todos mis secretos... Las malas decisiones en cuanto a la elección de la comida me traicionaban siempre» (página 34). ¿Cuál es la relación entre la comida y los secretos? ¿Qué secretos crees que revela tu cuerpo?

4. Escoger un plan de alimentación saludable que dé resultados puede requerir investigar, experimentar y consultar con tu médico u otros profesionales de la salud. ¿Cómo te cae la idea de hacer estas cosas? ¿Te produce energía y te hace sentir equipada o te abruma y te causa desaliento?

5. Lysa describió su plan alimenticio, pero hizo énfasis en la importancia de que cada una escoja un plan saludable que funcione para ella. ¿Qué palabras o frases usarías para describir un tipo de plan que consideres realista para ti a largo plazo? En una escala del uno al diez, ¿qué esperanzas tienes de encontrar un plan de alimentación realista que pueda llegar a encantarte tal como le sucedió a Lysa?

4

Las amigas no dejan que sus amigas coman sin pensarlo antes

Detente, te lo pido en nombre del amor, antes de que destroces mi corazón. Piénsalo bien.

¿Quién hubiera pensado que esta tonada clásica del grupo Supremes pudiera aplicarse a mucho más que una chica que le hace una advertencia a su novio descarriado. Esa canción fue la banda sonora de muchos de mis bailes de jovencita. Pero el sonsonete de esa melodía encierra una declaración muy poderosa: «Piénsalo bien».

Me pregunto cuántas malas decisiones y consecuencias graves se podrían haber evitado aplicando esa declaración de solo dos palabras.

A veces logramos armarnos de sentido común y *pensarlo bien* por nuestra propia cuenta para alejar nuestros pasos del terreno resbaladizo de la transigencia. Pero la mayoría de las veces necesitamos de alguna manera de rendirle cuentas a alguien.

> *Para mí una de las formas más eficaces ha sido medir el progreso con otras amigas.*

Para mí una de las formas más eficaces ha sido medir el progreso con otras amigas. Tengo una amiga que empezó antes que yo y se ha convertido en una fuente valiosa de ánimo y perspectiva. Fue ella, a quien hice referencia antes, la que se inclinó a través de la mesa y me dijo: «Si sigues este plan de comer saludable, funcionará». Me aferré a esa declaración cuando tuve una pequeña crisis.

Durante las tres primeras semanas de mi nuevo plan alimenticio todo iba bien. Solo luché con el hambre los primeros diez días. Las cosas marchaban sobre ruedas hasta el comienzo de la cuarta semana. En ese momento creo que mi cuerpo sufrió por la ausencia de azúcar. Lo digo en serio.

Todos mis sistemas estaban descompaginados. Un día me parecía tener la influenza; otro, una alergia; y una semana después, problemas de estómago. Podría haber pensado que tenía algún tipo de enfermedad maligna, pero no fue así. Era, sin duda, que mi cuerpo estaba muy enojado y exigía que le diera azúcar en ese mismo momento.

Me sentía muy mal. Apenas podía hacer ejercicio. Tenía que dormir la siesta. ¡Y si tú me conoces de verdad sabes que eso es muy sorprendente! Una parte de mí estaba lista para tirar la toalla, ir hasta el pasillo del supermercado en que están las cajas de polvo para hacer bizcochos de chocolate y preguntar si alguien sabía cómo conectar un suero intravenoso directo entre la caja de bizcochos y yo.

Debemos ser conscientes de que la desesperación alimenta la degradación. Es decir, cuando lo que falta en la vida pasa de ser una molestia a convertirse en ansiedad, corremos el riesgo de transigir de una manera que nunca pensamos posible.

Me resulta interesante que un versículo que muchas conocemos y citamos, acerca de que el diablo anda rondando como un león rugiente en busca de alguien a quién devorar, esté justo al final de un pasaje que dice: «Depositen en él toda ansiedad, porque él cuida de ustedes. Practiquen el dominio propio y manténganse alerta» (1 Pedro 5:7–8).

Verán, cuando decidamos ser saludables, tendremos que renunciar a ciertas cosas y cambiar nuestros hábitos. Hacer eso puede causarnos ansiedad. Es por eso que debemos tener amigas que nos ayuden a recordar que aquello a lo que estamos renunciando a corto plazo nos ayudará a obtener lo que realmente deseamos a largo plazo. Si nos olvidamos de desarrollar dominio propio y estar siempre alerta, seremos blancos favoritos para Satanás, que intentará alejarnos de las nuevas normas que hemos establecido para nuestra vida. Eso es degradación.

Sí, la desesperación produce degradación.

Una persona que piensa que nunca va a robar se mete en un aprieto financiero, y de repente se sorprende a sí misma sacando dinero de la caja registradora de su trabajo.

Una persona que cree que nunca tendrá relaciones sexuales antes del matrimonio, siente la presión física de alguien de quien desea urgentemente recibir amor, y de pronto se sorprende en la cama con ese hombre.

Una persona comprometida con el intento de volverse saludable se olvida de empacar sus meriendas sanas y de pronto siente urgencia por correr a la máquina expendedora y obtener allí una bolsa de papitas y una barra de dulce, solo por una vez.

> *Debemos tener amigas que nos ayuden a recordar que aquello a lo que estamos renunciando a corto plazo nos ayudará a obtener lo que realmente deseamos a largo plazo*

Tienes que ser consciente y estar en guardia, querida hermana. Tienes que saber que estas son estratagemas diseñadas para atraparte y alejarte de tus compromisos. Encuentra una amiga que pueda hacerte razonar en medio de tus impulsos irracionales. Una amiga que te pida cuentas, que te diga la verdad en amor y que ore por ti.

Considera el gran ejemplo de cómo la desesperación produce degradación, en la historia de Esaú, en el Antiguo Testamento. Esaú era el mayor de dos hermanos gemelos, y un cazador experto, en tanto que el menor, Jacob, era de un tipo más hogareño. Las Escrituras dicen:

> Un día, cuando Jacob estaba preparando un guiso, Esaú llegó agotado del campo y le dijo:
> —Dame de comer de ese guiso rojizo, porque estoy muy cansado. (Por eso a Esaú se le llamó Edom).
> —Véndeme primero tus derechos de hijo mayor —le respondió Jacob.
> —Me estoy muriendo de hambre —contestó Esaú—, así que ¿de qué me sirven los derechos de primogénito?
> —Véndeme entonces los derechos bajo juramento —insistió Jacob.
> Esaú se lo juró, y fue así como le vendió a Jacob sus derechos de primogénito. Jacob, por su parte, le dio a Esaú pan y guiso de lentejas.
> Luego de comer y beber, Esaú se levantó y se fue. De esta manera menospreció sus derechos de hijo mayor.
> (Génesis 25:29 – 34)

Lo que me impacta de esta historia es a cuánto renunció Esaú por solo unos momentos de satisfacción física. Él sacrificó lo que era bueno a largo plazo por aquello que lo hacía sentir bien a corto plazo. Renunció a lo que era en un momento de desesperación.

Si un buen amigo de Esaú hubiera escuchado su conversación con Jacob, le hubiera hablado con racionalidad para frenar sus impulsos irracionales.

Eso representaba mi amiga para mí: la voz de razón, la estabilidad y la racionalidad. Mientras ella se mantenía firme en sus convicciones, yo lloraba. Lloré lágrimas genuinas, amigas. Lágrimas por la falta de azúcar, de mis pequeños bocaditos salados, y de la sensación de bienestar temporal con que siempre me deleitaban. Después de llamar a mi amiga, me tiraba en el piso del baño y le pedía ayuda a Dios. Decir que me sentía infeliz es quedarme corta. Pero el pensamiento de que mi amiga me preguntara si había perseverado sin poder decirle que sí era algo inimaginable. Si ella podía vencer sus días difíciles, yo también.

Así que el día siguiente a mi peor día, todos los síntomas desaparecieron. De repente me sentí muy bien. Mi cuerpo estaba fuerte, mis emociones bajo control y mi nivel de energía llegaba al cielo.

Tal y como mi amiga dijo que sucedería. Asombroso. Perseverar durante mi crisis me llevó a un lugar maravilloso de avance y de repente comencé a ver resultados tangibles. Era muy bueno no sentir temor a vestirme por las mañanas. Consideraba una gran ventaja poder usar ropa que realmente me quedara. Sí, a esas alturas todavía era mi «ropa grande», pero poder ponérmela con comodidad y facilidad era un gran paso en la dirección correcta.

Resultaba crucial tener que rendirle cuentas a una amiga que había comenzado este plan de alimentación al mismo tiempo que yo. Ambas sabíamos que sería difícil, así que nos comprometimos a orar la una por la otra así como a pedirnos cuentas mutuamente. Cada día hablábamos sobre lo que comeríamos ese día. Cada semana una a la otra le informaba acerca de su peso. Analizábamos cada lucha, cada tentación que nos parecía devastadora, cada paso, bueno o malo.

Saber que no podía ocultarle a mi amiga ninguna trampita evitaba que resbalara. No soportaba la idea de tener que decirle que había metido la pata, así que no lo hacía. Nuestro lema era: «Si no forma parte de nuestro plan, no lo llevamos a la boca».

Si no cuentas con una amiga que esté dispuesta a lanzarse contigo a esta travesía de cambiar los hábitos alimenticios, no te desanimes. Trata de encontrar una amiga que esté dispuesta a hacerlo en oración. Sé sincera con ella en cuanto a tus luchas y pídele que se comprometa a orar fervientemente por ti y contigo.

De verdad, yo NUNCA JAMÁS pensé que podría dejar de comer pan, pastas, papas, arroz y azúcar. No pensaba que pudiera pasar un día sin esos alimentos básicos en mi forma de comer cotidiana. De ninguna manera.

Pero ver el éxito de mi amiga, que iba más adelantada que yo, y tener otra amiga dispuesta a sacrificarse a mi lado, le dio a mi cerebro el permiso que necesitaba para hacer un alto, en nombre del amor, y pensar las cosas bien.

Aunque necesitarás hallar una amiga que siga junto contigo un plan de alimentación saludable o que ore por ti mientras tú lo haces, permíteme ser la amiga que empezó el viaje primero que tú. Permíteme ser esa voz que te hable en medio de tus dudas y te diga: «Si sigues el plan de comer saludable que has escogido, funcionará. Y, sin duda, valdrá la pena». Y cuando posiblemente te encuentres en problemas con la tentación, recuerda que debes «parar en nombre del amor». Permite que el amor que sientes por tus amigas, que están a tu lado, y tu amor por el Señor, que quiere que lo honres con la manera en que tratas tu cuerpo, te haga pensarlo bien.

El pensarlo bien y saber que tendría que reconocer mi desliz ante mi amiga me ayudó a alejarme de incontables tazones de papitas y bandejas con bizcochos de chocolate. El placer temporal de un bizcocho nunca compensaría el tener que decirles a mis amigas que decidí meter la pata. Que decidí retractarme de mi compromiso… nuestro compromiso. Que tomé la decisión de volver a mi quebranto y retroceder todo lo que había adelantado. Es un precio muy alto a pagar por un bizcocho. Sí, rendir cuentas es crucial.

Si yo hubiera leído esto hace unos pocos años, hubiera puesto los ojos en blanco y dicho: «¡Qué importa! Rendir cuentas sobre la comida no es algo que yo necesite, ¡por amor de Dios!». Pero la inmensa mayoría de nosotros responde muy bien a rendir cuentas en otros aspectos de la vida. Piensa en estos casos:

- Cuando vemos que un policía está chequeando la velocidad de los autos que pasan, ¿tendemos a sobrepasar el límite de velocidad?

- Cuando tienes una reunión con tu jefe a primera hora de la mañana, ¿es más posible que llegues puntual?

- Si sabes que te van a pedir que des respuestas durante el estudio bíblico, ¿es más factible que estudies la lección?

- Si tienes amigos invitados a cenar, ¿resulta más probable que limpies la casa?

- Cuando los fondos de tu cuenta bancaria están bajos, ¿es más probable que disminuyas los gastos?

Si respondiste que sí al menos a tres de estas cinco preguntas, eres alguien que responde bien a la rendición de cuentas. En la mayoría de estos casos nos detenemos y lo pensamos bien; tal vez no en nombre del amor, pero sí por saber que tendremos que rendir cuentas.

¿Estás lista, entonces? Tómate el tiempo de considerar en oración el plan de alimentación más adecuado para ti. Habla con tus amigas para ver quién estaría dispuesta a acompañarte. Y luego comienza a caminar hacia aquella vida saludable que sea posible para ti.

Preguntas para reflexionar

1. Cuando una amiga tiene éxito al tomar decisiones saludables con respecto a la comida para bajar de peso, ¿te sientes animada e inspirada por su ejemplo o te desanimas y la envidias? ¿Les transmites tus sentimientos a tu amiga o te los callas?

2. Completa esta oración: Quiero/no quiero invitar a una amiga a que me ayude en mi recorrido hacia una forma de comer saludable porque _____.

3. Si rendir cuentas resulta crucial, ¿cuál es el mayor desafío que enfrentamos al incluir la rendición de cuentas como parte del plan que nos lleve a comer saludable?

4. Si pudieras imaginar una experiencia de rendición de cuentas vivificante, que te diera fuerzas y te ayudara a no sentirte sola sino acompañada en tus luchas, ¿cómo describirías esa experiencia? ¿A qué tipo de persona te gustaría rendirle cuentas? ¿Qué esperas que esa persona haga por ti? ¿Qué esperas que *no* haga? ¿Cómo determinarías si la relación te ofrece una rendición de cuentas eficaz o no?

5

Fui hecha para más que eso

Al comenzar un nuevo plan para comer saludable se produce una especie de luna de miel y nada te tienta a alejarte de las decisiones saludables que has tomado. Pero luego te invitan a una fiesta. Tus amigas enseguida te dicen: «Vamos, una sola porción no te hará nada. Es un día especial». Y el pastel se ve tan rico. Las tortillas y la salsa te parecen irresistibles. *Se trata de una noche especial,* te dices. *Puedo empezar otra vez mañana. O este fin de semana. O el lunes. O el mes que viene.*

Es toda una tentación a ceder. A invertir las cosas. A hacer como que no importa.

Pero sí importa y no solo por el revés físico o mental. Tiene que ver con el rechazo de una verdad espiritual fundamental que hará que el plan de comer saludable se desmorone una y otra vez. ¿Cuál es esa verdad? *Fuimos hechas para algo más que esto.* Más que estos fracasos, más que este ciclo repetido, más que para ser dominadas por nuestras papilas gustativas. Fuimos hechas para alcanzar la victoria. A veces solo necesitamos encontrar el camino hacia esa verdad.

> *Fuimos hechas para alcanzar la victoria. A veces solo necesitamos encontrar el camino hacia esa verdad.*

Cuando estaba en último año de la escuela secundaria me invitaron a una fiesta de universitarios. Tenía una amiga que se había graduado un año antes que yo, y se convirtió en mi persona preferida (de todo el mundo) el día en que me invitó a la fiesta de su club de estudiantes.

Decir que aquello era plenamente de onda ni siquiera empieza a describir lo que sentí cuando entré esa fiesta a bordo de mis zapatos color rosa brillante. Al finalizar la noche reíamos nerviosamente por la atención que nos prestaban dos apuestos estudiantes universitarios. Cuando la fiesta iba acabando, nos invitaron a su casa.

Una parte de mí se sentía tan halagada que quería ir. Una parte más importante de mí no lo deseaba. Pero se hicieron planes y antes de que me diera cuenta, estábamos subidas al auto de ellos, yéndonos.

En ese momento de mi vida yo no era cristiana. Para nada. Y puedo decir con certeza que nunca había escuchado a Dios hablarme, pero en medio de esa situación lo escuché.

«Esta no eres tú, Lysa. Tú fuiste hecha para mucho más que esto».

Era verdad. El don de una verdad. Sembrado muy dentro de mí cuando él mismo me había formado. Sin abrir y presentado en el momento justo.

Terminé presentando una excusa para irme rápidamente y regresé caminando sola hasta mi auto esa noche. En mi mente me culpaba por actuar como una estudiante de secundaria joven e inmadura que no podía comportarse como una chica universitaria desinhibida. Pero ahora que lo pienso, quiero subirme a una silla y aplaudir. Aplaudir, ¡y aplaudirme a mí misma por haber actuado así cuando todavía estaba en la secundaria!

Hubo otras épocas en mis años jóvenes en que volví a oír esta verdad con claridad en los confines de mi alma y, lamentablemente, me negué a escucharla. Fueron los años más oscuros de mi vida. Yo no había sido hecha para vivir una vida que deshonrara a Dios.

Tampoco ninguna de nosotras.

«Fuiste hecha para más, Lysa, fuiste hecha para más». Lo recordé especialmente durante aquellas primeras semanas de mi aventura de comer saludable en que me vi tentada por un millón de ataques a mis papilas gustativas faltas de azúcar. Y seguía repitiendo mentalmente: *hecha para más… hecha para más.*

Y aunque aquello que procuro empalidece en comparación con la importancia que tiene que una chica de secundaria trate de mantener su pureza, el hambre es hambre. La tentación es la tentación. El deseo es el deseo. Así que, tal vez no sean tan diferentes a fin de cuentas.

Cada vez que recuerdo esa verdad, siento que ella me desafía y me revitaliza por completo nuevamente. Fuimos hechas para más.

Qué gran verdad es esta para todas nosotras. Qué gran verdad para usarla cuando volvemos a escribir el guión que aparece de continuo en nuestra cabeza cada vez que somos tentadas. Reescribir el guión es uno de los pasos más cruciales hacia un progreso permanente. ¿Recuerdas los «guiones» que mencioné al comienzo de este capítulo y anteriormente en el libro? ¿Las excusas? ¿Las racionalizaciones? ¿Las vías de escape como «mañana me irá mejor»?

Tenemos que volver a escribirlos al adquirir el hábito de decir otras cosas. Y el primero de ellos es: «Yo fui hecha para algo más». Esta verdad encierra una sabiduría y revelación que desata el enorme poder que está a disposición de todos los cristianos.

¿Y acaso no es poder lo que realmente necesitan las chicas que procuran realizar cambios saludables en su vida? Necesitamos un poder que vaya más allá de nuestros frágiles intentos y de nuestra frágil determinación. Un poder superior a nuestras papilas gustativas, a nuestras hormonas, a las tentaciones y a esa necesidad femenina innata de comer chocolate. Sí, la verdad en cuanto a quiénes somos y el poder para vivir esa verdad; eso es lo que necesitamos.

Lee lo que el apóstol Pablo escribe sobre este poder asombroso que tenemos a disposición nosotras, las chicas «hechas para algo más», y nota las frases en cursivas, que examinaremos más de cerca en breve:

> *Pido* que el Dios de nuestro Señor Jesucristo, el *Padre glorioso*, les dé el Espíritu de sabiduría y de revelación, *para que lo conozcan mejor*. Pido también que les sean iluminados los ojos del corazón para que sepan a qué esperanza él los ha llamado, cuál es la riqueza de su gloriosa herencia entre los santos, y *cuán incomparable es la grandeza de su poder a favor de los que creemos*. (Efesios 1:17-19, cursivas de la autora).

Me doy cuenta de que es difícil tomar un pasaje como este, ponerlo frente a un pedazo de pastel de chocolate y sentir de inmediato el poder que nos permite alejarnos. Pero si lo desglosamos, comprendemos su riqueza y luego practicamos la verdad que encierra, será asombroso el poder que experimentaremos. Así que echémosle un vistazo más detallado a algunas de sus palabras y frases clave.

Sé persistente:
«Pido»

«Pido». Tenemos que pedirle a Dios que nos acompañe en este viaje. Y este no será un ejercicio que realicemos una sola vez. Pablo no pide sabiduría en una sola ocasión. La pide una y otra vez. Y nosotros debemos hacer lo mismo. Necesitamos pedir que la sabiduría, la revelación y la intervención del poder de Dios formen parte integral de nuestras decisiones en cuanto a la forma de comer de ahora en adelante.

¿Por qué no hacer una oración como la que sigue diariamente, a primera hora de la mañana, antes de comer nada? «Señor, reconozco que fui hecha para más que este círculo vicioso dominado por la comida. Necesito comer para vivir y no vivir para comer. Así que te pido tu sabiduría para elegir qué comer. Y también que tu poder esté en mí para alejarme de las cosas que no me benefician».

Abraza una verdadera identidad:
«Padre glorioso»

La frase «Padre glorioso» indica nuestra relación con Dios y responde a la pregunta: «¿Por qué estamos hechas para algo más?». Estamos hechas para algo más porque somos hijas de Dios. Durante años no me identificaba a mí misma por mi relación con Dios sino por las circunstancias que me habían rodeado.

Yo era:

Lysa, la chica destruida proveniente de un hogar destruido.

Lysa, la chica rechazada por su padre.

Lysa, la chica que fue abusada sexualmente por alguien que decía ser como su abuelo.

Lysa, la chica que se alejó de Dios después de la muerte de su hermana.

Lysa, la chica que abortó después de una sucesión de relaciones inadecuadas..

Pero luego, un día, leí una lista de cosas que hacen referencia a la persona que Dios dice que yo soy. Tomé esa lista de pasajes bíblicos y comencé a redefinir mi identidad. ¡Qué contraste tan marcado con la manera en que yo me veía a mí misma! Por fin entendí que mis circunstancias no tenían que definirme. En lugar de eso, podía vivir en la realidad de lo que dice mi glorioso Padre celestial que yo soy:

Lysa, la hija de Dios perdonada. (Romanos 3:24)

Lysa, la hija de Dios liberada. (Romanos 8:1-2)

Lysa, la hija de Dios aceptada. (1 Corintios 1:2)

Lysa, la santa hija de Dios. (1 Corintios 1:30)

Lysa, la hija de Dios hecha nueva. (2 Corintios 5:17)

Lysa, la hija de Dios amada. (Efesios 1:4)

Lysa, la hija íntima de Dios. (Efesios 2:13)

Lysa, la hija confiada en Dios. (Efesios 3:12)

Lysa, la hija de Dios victoriosa. (Romanos 8:37)

Fui hecha para ser libre, santa, nueva, amada y confiada. Debido a eso, no puedo permitirme participar de nada que niegue mi verdadera identidad. Ya sea que se trate de una relación con alguien que me haga sentir inferior a lo que es mi verdadera identidad o de un círculo vicioso producido por la comida que me lleve a sentirme derrotada y prisionera, tengo que recordar que fui hecha para algo más que eso.

La verdad de mi identidad como hija de Dios me da poder para creer que el vivir en victoria tiene mejor sabor que cualquier manjar poco saludable.

> *Vivir en victoria tiene mejor sabor que cualquier manjar poco saludable.*

Encuentra la razón más profunda:
«Para que lo conozcan mejor»

¿Has captado la verdadera razón por la que necesitamos seguir pidiendo sabiduría y revelación, y la verdadera razón que tenemos para abrazar nuestra auténtica identidad? No tiene que ver solo con ayudarnos a elegir las cosas más saludables. Ni siquiera con ayudarnos a funcionar como hijos de Dios victoriosos. Y sin duda, tampoco con que podamos usar pantalones vaqueros más pequeños y bajar la barriga, aunque todos esos sean beneficios maravillosos.

El verdadero motivo para arraigarnos en la verdad de que fuimos hechas para algo más son estas palabras de Pablo: «para que lo conozcan mejor». Cuanto más nos manejamos dentro de la verdad de lo que somos y de la realidad de que hemos sido hechas para mucho más, más cerca estaremos de Dios.

No sé lo que creas tú, pero este solo beneficio amerita todo el esfuerzo de lucha y sacrificio que requiere la aventura de comer saludable. A pesar de las muchas veces en que he percibido esto como algo injusto con lo que tengo que lidiar, particularmente cuando veo a mis amigas que son delgadas por naturaleza comer lo que quieren y nunca aumentar ni diez gramos, ahora lo considero una especie de privilegio.

Yo sé que suena raro y un poquito contrario a la lógica, así que hablaré más al respecto en capítulos posteriores. Pero nuestro compromiso disciplinado tiene un propósito más profundo. Establecer esa relación (entre haber sido hechas para algo más y el llegar a conocer mejor a Dios) nos ayuda a descubrir que toda esta aventura tiene menos que ver con la comida, los ejercicios y las elecciones referidas a nuestro estilo de vida, y más con abrazar la oportunidad de conectarnos profunda y maravillosamente con Dios. ¿Y acaso no es esa la mejor parte de haber sido hechas para algo más?

Descubre una esperanza y poder incomparables:
«Que les sean iluminados los ojos del corazón»

¿No resulta interesante la frase que sigue a continuación: «que les sean iluminados los ojos del corazón» para ver la esperanza y el poder que están a nuestra disposición? *Iluminado* quiere decir literalmente «alumbrado».[3] Es decir, el apóstol Pablo pide que nuestros corazones sean alumbrados para que podamos reconocer más claramente la esperanza y el poder que tenemos a nuestra disposición.

Nos vendría muy bien orar para que los ojos de nuestros corazones sean iluminados a esta esperanza y poder. En demasiadas ocasiones hemos tratado de armarnos de sentido común para efectuar cambios en nuestra vida por nuestra propia cuenta. Y no pasa mucho tiempo hasta que algunos oscuros sentimientos de desánimo, desilusión y derrota comienzan a llenar nuestro corazón.

Resulta crucial que contemos con una esperanza y poder que vayan más allá de nosotras mismas. Fuimos hechas para la misma esperanza y poder que levantó a Cristo de los muertos. Hemos hablado de Efesios 1:17–19a, pero nos haría bien analizar el resto del versículo 19 y también el 20. «Ese poder es la fuerza grandiosa y eficaz que Dios ejerció en Cristo cuando lo resucitó de entre los muertos y lo sentó a su derecha en las regiones celestiales» (Efesios 1:19–20). ¡Ese es el poder que tenemos a nuestra disposición! El mismo poder que levantó a Jesús de los muertos. Puede parecernos que no lo tenemos, pero allí está. Y cada vez que se proclama: «Yo fui hecha para algo más», pido al Señor que todas las verdades encerradas en esa afirmación fluyan hasta nuestros corazones y nos mantengan alumbradas.

Fuimos hechas para algo más que excusas y círculos viciosos. Podemos gustar el éxito. Podemos experimentar la verdad. Podemos escoger permanecer en el camino del trabajo arduo y la perseverancia. Podemos lograr un éxito tras otro. Podemos mantener la afirmación «fui hecha para algo más» en el centro de nuestra mente y en la punta de nuestra lengua. Y nuestros hábitos alimentarios pueden experimentar una transformación total cuando le pedimos a Dios, abrazamos nuestra verdadera identidad, encontramos la razón profunda que nos permite reclamar esa identidad y nos manejamos con una esperanza y poder que no tienen comparación.

Preguntas para reflexionar

1. «Yo fui hecho para algo más que eso» es una verdad espiritual que desata un gran poder en los cristianos (página 47). Cuando piensas en tus fracasos pasados y en tus luchas actuales con la comida, ¿cómo esperas que esta verdad pueda ayudarte?

2. Cuando te presentas ante alguien al que no conoces, ¿cómo te defines? ¿Según tus relaciones familiares (como esposa, madre, hija, tía)? ¿Según un título profesional o la falta de él? ¿De acuerdo al lugar en el que vives o a la iglesia a la que asistes? ¿Qué podría revelar tu presentación acerca de cómo entiendes tu verdadera identidad?

3. Lysa señala que en un tiempo ella definía su identidad de acuerdo con sus circunstancias: Lysa, la chica destruida, proveniente de un hogar destruido; Lysa, la chica rechazada por su padre; Lysa, la chica que fue abusada sexualmente por alguien que decía ser como su abuelo. ¿Alguna vez has sentido que tus circunstancias definen tu identidad? Si fueras a describir tu identidad como lo hizo Lysa, ¿qué pondrías en tu lista?

4. Tómate un momento para revisar la lista de declaraciones que aparecen a continuación e inserta tu nombre delante de cada una. ¿De qué manera la comprensión que tiene Dios sobre ti impacta la percepción que tú tienes sobre esa identidad que has basado en las circunstancias? (las que mencionaste como respuesta a la pregunta 3)

_____, la hija de Dios perdonada. (Romanos 3:24)

_____, la hija de Dios liberada. (Romanos 8:1–2)

_____, la hija de Dios aceptada. (1 Corintios 1:2)

_____, la santa hija de Dios. (1 Corintios 1:30)

_____, la hija de Dios hecha nueva criatura. (2 Corintios 5:17)

_____, la hija de Dios amada. (Efesios 1:4)

_____, la hija íntima de Dios. (Efesios 2:13)

_____, la hija confiada en Dios. (Efesios 3:12)

_____, la hija de Dios victoriosa. (Romanos 8:37)

5. Regresa a la página 47 o a la Biblia. Vuelve a leer Efesios 1:17–20 y a partir de las preguntas que aparecen más abajo reflexiona sobre los temas clave del pasaje.

- *Sé persistente: «Pido».* ¿Tienes dudas en cuanto a pedirle a Dios cada día la sabiduría y el poder que te ayuden en tu recorrido? ¿Cómo esperas que te ayude la oración perseverante?

- *Abraza tu verdadera identidad: «Padre glorioso».* ¿Con qué mentiras sobre tu identidad has luchado? ¿Cómo podría cambiar tu vida si pudieras abrazar la verdad de tu identidad como hija de Dios?

- *Encuentra la razón más profunda: «Para que lo conozcan mejor».* ¿De qué manera podría usar Dios tu proyección hacia la meta de comer alimentos saludables como una forma de ayudarte a conocerlo mejor?

- *Descubre una esperanza y poder incomparables: «Que les sean iluminados los ojos del corazón».* ¿Hasta qué punto te parece que todo depende de ti, de tu voluntad y determinación? ¿Un poco o mucho? ¿Hasta qué punto crees que el mismo poder que levantó a Jesús de los muertos también está a tu disposición para ayudarte? ¿Un poco o mucho? Al reflexionar en cada día pasado, ¿cómo descubres si te has apoyado en tu propia fortaleza o en la fortaleza de Dios?

Acercarnos más a Dios

¿Alguna vez has abierto tu corazón, mostrándote vulnerable, y luego resulta que alguien critica violentamente tus intenciones y te hace sentir tonta? Una vez, en una conferencia, participé de una sesión de preguntas y respuestas en la que alguien me preguntó: «¿Cómo se acerca uno más a Dios?».

Excelente pregunta. Por mi mente pasaron varias posibles respuestas. No quería dar una respuesta trillada que incluyera la típica lista de: Ve a la iglesia; no digas malas palabras; lee la Biblia; ora; da dinero a los pobres.

Todas esas cosas son muy buenas. Y creo que el hacerlas agrada a Dios. Pero el simple hecho de cumplir con ellas y tacharlas de la lista para luego sentarnos a esperar que se produzca una cercanía con Dios… no es algo que vaya a pasar. No podemos reducir a Dios a una lista de cosas por hacer.

Acercarnos a Dios tiene mucho más que ver con alinear nuestro corazón con el de él que con cualquier acción que podamos realizar.

Y me atrevo a añadir que acercarnos a Dios tiene mucho más que ver con alinear nuestro corazón con el de él que con cualquier acción que podamos realizar. Eso es a lo que yo llamo colocarnos deliberadamente en situación de experimentar a Dios, y la postura que debemos asumir puede llegar a sorprender a la mayoría de los seguidores bien intencionados de Jesús.

Esa postura no es de pie con las manos levantada o los brazos extendidos, sino la posición más baja en la que podamos ponernos, con las manos vacías y los corazones dispuestos. Es decir, necesitamos comunicar con nuestras intenciones, con nuestras actitudes e incluso con nuestro lenguaje corporal que estamos dispuestos a negarnos a nosotros mismos.

Entonces, volviendo a la pregunta que me hicieron: «¿Cómo se acerca uno más a Dios?».

Yo respondí: «Al decidir negarnos a nosotras mismas algo que está permitido pero no resulta beneficioso. Y hacer ese sacrificio intencionalmente con el solo objetivo de acercarnos más a Dios. Al fin de cuentas, el propio Jesús dijo: "Si alguien quiere ser mi discípulo, que se niegue a sí mismo, lleve su cruz cada día y me siga" (Lucas 9:23)».

A manera de ejemplo hablé de que ahora estoy sacrificando intencionalmente el azúcar y las cosas procesadas que, una vez consumidas, se convierten en azúcar en mi cuerpo. Sí, lo estoy haciendo para ser saludable. Pero hay una razón espiritual más profunda, que es escoger purificarme espiritualmente también mediante ello, y eso, sin duda, me ayuda a acercarme más a Dios.

Mi respuesta fue verdadera, vulnerable, y sincera. Tal vez demasiado sincera. Las mujeres del público quedaron boquiabiertas cuando mencioné que estoy en un tiempo de sacrificar el azúcar. No habían pasado dos segundos, cuando una de las asistentes a la conferencia tomó el micrófono abierto al público y espetó: «Bueno, si Jesús se llamó a sí mismo el pan de vida, ¡no creo que el azúcar y los carbohidratos procesados tengan nada de malo!».

El público estalló en una carcajada.

Yo forcé una sonrisa pero me sentí más pequeña que una hormiga. No, retiro lo dicho. Más pequeña que la verruga de la punta de la nariz de una hormiga. Y eso es bastante pequeño.

Ellas no habían entendido.

O tal vez era yo la que no había entendido. ¿Acaso era una chica tonta en busca de Jesús que erróneamente había pensado que su deseo de agradarlo emprendiendo una batalla contra la comida la ayudaría de alguna manera a acercarse más a él?

Sí, quiero bajar de peso. Pero esta aventura es mucho más que eso. En realidad tiene que ver con una cuestión de aprender a decirme a mí misma que no y de aprender a tomar decisiones más sabias cada día. Y, de alguna manera, el convertirme en una mujer con autodisciplina honra a Dios y me ayuda a vivir el rasgo divino del dominio propio. El fruto del Espíritu (la evidencia de que el Espíritu de Dios está en nosotros) comprende una lista de características divinas: amor, alegría, paz, paciencia, amabilidad, bondad, fidelidad, humildad y dominio propio (Gálatas 5:22). Finalmente, procurar el dominio propio sí le ayuda a mi corazón a sentirse más cerca de Jesús y más puro para recibir lo que él quiere darle cada día... en lugar de estar atascado con sentimientos de culpa por causa de las malas decisiones.

Pero el dominio propio no es fácil. No nos gusta negarnos a nosotros mismos. No nos parece necesario. Ponemos excusas y decimos: «Está bien para ti, pero yo nunca podría renunciar a eso». Y si dependemos de nosotras mismas es verdad. Pero existe otro nivel de dominio propio que muy pocas de nosotras encontramos. Antes de que el apóstol Pablo enumerara los frutos del Espíritu en su carta a las iglesias de Galacia, él les describió un poder que está a nuestra disposición y que va más allá del dominio propio: «Vivan *por el Espíritu*, y no seguirán los deseos de la naturaleza pecaminosa» (Gálatas 5:16, cursivas mías). Es decir, vivan con la disposición a alejarse cuando el Espíritu Santo les dé un codazo y les diga: «Ese alimento que escogiste es permisible pero no beneficioso, así que no te lo comas». No es *pecaminoso,* por favor escúchame bien. La comida no es pecaminosa. Pero la comida puede ser algo que Satanás ponga delante de ti para decirte: «Nunca te librarás de esta lucha. Siempre oscilarás entre sentir que te privas cuando haces dieta y sentirte culpable cuando comes demasiado. La victoria no es posible. No eres capaz de dominarte en cuanto a la comida». Y entonces tenemos que saber que esa declaración inadecuada puede constituir el engaño que él usa para llevar nuestro corazón a un punto de derrota. En el caso de otros será el sexo fuera del matrimonio, el consumo inadecuado de alcohol, las drogas ilegales o alguna otra cuestión física.

> *Convertirme en una mujer con autodisciplina honra a Dios y me ayuda a vivir el rasgo divino del dominio propio.*

Por supuesto, la pregunta obvia es, entonces, ¿cómo podemos captar esos codazos del Espíritu Santo? ¿Cómo podemos «vivir por el Espíritu»?

Primero tenemos que saber dónde está el Espíritu y lo que él nos da. Si conocemos a Jesús como nuestro Salvador personal, la Biblia nos enseña que tenemos el Espíritu Santo viviendo en nosotros: «Y si el Espíritu de aquel que levantó a Jesús de entre los muertos vive en ustedes, el mismo que levantó a Cristo de entre los muertos también dará vida a sus cuerpos mortales por medio de su Espíritu, que vive en ustedes» (Romanos 8:11).

El Espíritu no solo vive en nosotros, está activo e infunde un poder a nuestras vidas que va más allá de lo que podríamos lograr por nuestra cuenta.

Entonces, ¿cómo vivir por ese Espíritu y prestar atención a su voz de sabiduría y precaución? Esto es lo que dice el apóstol Pablo: «Si el Espíritu nos da vida, andemos guiados por el Espíritu» (Gálatas 5:25). Es decir, leemos la Biblia con la intención de poner en práctica lo que leemos, al tiempo que le pedimos al Espíritu Santo que nos dirija para saber cómo hacerlo.

A menudo yo oro así: «Necesito sabiduría para tomar decisiones sabias. Necesito entendimiento para recordar las palabras que he leído en las Escrituras. Necesito un poder superior al que encuentro en mí misma». No es una oración mágica. De todas maneras tengo que tomar la decisión de alejarme de la fuente de mi tentación. Y tomar esa decisión a veces es muy difícil, no lo puedo negar.

Como cuando estoy en la fila en Starbucks. La empleada toma mi pedido y luego hace un gesto con su mano como si manejara una varita seductora que dirige mi atención hacia una vitrina llena de delicias que despertarían las papilas gustativas de cualquier mujer. Las hace danzar de verdad. Algo así como una rumba o un tango, con pasitos muy rápidos, uno detrás del otro. Mis papilas gustativas danzan y suplican como un niño ante el estante de los caramelos en el supermercado.

«¿Le gustaría algo para acompañar su café?», pregunta ella.

Claro que me gustaría algo, ¡me gustarían dos o tres algos! Y voy a ser totalmente sincera, es en momentos como ese que quisiera hacerle una pregunta sencilla a Eva. *Por favor, dime que algo se perdió en la traducción y lo que realmente colgaba de la rama de aquel árbol hace todos esos miles de años eran dulces como estos.* Se trata solo de una ocurrencia.

En fin, como dije antes, no es fácil. No es fácil apoyarse en el Espíritu Santo para que nos dirija en lo que hace a tomar decisiones sabias. No es fácil atreverse a vivir de veras una vida en la que se pongan las

Escrituras en práctica. Especialmente aquellas escrituras que tengan que ver con el dominio propio. No es fácil, pero *es* posible.

Servimos a un Dios compasivo. Un Dios que sabía que la comida sería una piedra de tropiezo grande en nuestra búsqueda total de él. Los problemas con la comida, literalmente, pueden frenarnos en cuanto a nuestro llamamiento y a nuestro compromiso con Cristo. Así que a través del Espíritu Santo, de Jesús y de la Biblia él nos ha dado grandes dones que nos ayudan. Analicemos dos aspectos específicos de la fe, nuestro llamamiento y nuestro compromiso, sobre los que Dios nos advierte que la comida no debe eclipsarlos.

Nuestro llamamiento

Cada vez que nos sentimos derrotadas por algún problema, eso puede hacer que creamos que somos incapaces de seguir a Dios plenamente. A veces eso me persigue y me produce inseguridad en el ministerio con las mujeres. ¿Alguna vez te has sentido así en tu lucha con la comida? Apuesto a que nunca soñaste que la historia de la mujer samaritana podría ofrecerte un poco de ánimo que te reconforte.

Si has asistido a muchas conferencias para mujeres cristianas, es probable que hayas escuchado la historia de la mujer samaritana contada desde toda posible perspectiva. Reconozco que si escucho a alguien que empieza a hablar de ella en una conferencia, mi cerebro me suplica que me desconecte y empiece a soñar despierta acerca de lugares tropicales o de artículos que necesito añadir a mi lista de compras.

No es que no me guste su historia. Sí me gusta. Es solo que la he escuchado tantas veces que dudo de que haya algo fresco que pueda decirse al respecto. Pero en todos mis años de escuchar acerca de la mujer samaritana, de leer su historia y de creer que me la sé, he pasado algo por alto. Algo realmente importante.

Justo en medio de una de las conversaciones más largas que se haya registrado entre Jesús y una mujer, ¡él empieza a hablar de comida! ¡Comida! Y yo nunca antes me había dado cuenta. De algún modo, a pesar de haber escuchado la historia tantas veces, me había perdido la enseñanza crucial de Jesús en cuanto a que la nutrición espiritual es mucho más importante incluso que la nutrición física. Él dice: «Mi

alimento es hacer la voluntad del que me envió y terminar su obra»
(Juan 4:34). Y luego continúa declarando: «Yo les digo: ¡Abran los ojos
y miren los campos sembrados! Ya la cosecha está madura» (v. 35).
¡Aquí hay un plan más grande! No se distraigan con la comida física.
No piensen que la comida física puede satisfacer el anhelo de su alma.
Solo Jesús puede hacerlo. Nuestras almas fueron creadas para desearlo
a él y llevar a otras hacia él con amor. Noten que hay muchas personas
esperando escuchar el mensaje. No se queden atascados en la derrota
ni limitados por ella.

En medio de la oferta de salvación a la mujer samaritana, Jesús
parece irse por la tangente al hacer referencia a la comida. Pero no es
tomar una tangente. En realidad encaja muy bien. Todo tiene que ver
con la desnutrición espiritual de la que hablábamos en la introducción.
Específicamente, tiene que ver con tratar de usar la comida para llenar
no solo el vacío físico de nuestros estómagos sino el vacío espiritual de
nuestras almas. El problema de esto es el siguiente:

La comida puede llenar nuestros estómagos pero nunca nuestras almas.

Las posesiones pueden llenar nuestras casas pero nunca nuestros corazones.

El sexo puede llenar nuestras noches pero nunca nuestra sed
de amor.

Los hijos pueden llenar nuestros días pero nunca nuestras
identidades.

Jesús quiere que sepamos que él y solo él puede llenarnos y satisfacernos verdaderamente. Él quiere que sepamos eso con certeza.

Solo al llenarnos de verdadera comida para el alma, de parte de
Jesús, y al seguirlo y hablarles a otros de él, nuestras almas se sentirán
satisfechas realmente. Y el liberarnos de pensamientos sobre consumo
de comida nos permite ver nuestro llamamiento e ir tras él con más
confianza y claridad.

Nuestro compromiso

Yo amo a Dios. Lo he amado desde hace mucho tiempo. Pero le llevó
bastante tiempo a Dios captar mi atención en cuanto al problema que

tengo con la comida. Una de las cosas que usó para atraer mi atención de manera poderosa fue mostrarme cosas en la Biblia de las que realmente nunca antes me había percatado. Fue en el libro de Filipenses donde observé algo muy significativo por primera vez.

A Filipenses se lo llama a menudo el libro del gozo. Sin embargo, no vemos un gozo del tipo acaramelado en algunos de los versículos que muchos de nosotros hemos citado por años. Esa sección de la Escritura comienza bastante fácil:

> Hermanos, no pienso que yo mismo lo haya logrado ya. Más bien, una cosa hago: olvidando lo que queda atrás y esforzándome por alcanzar lo que está delante, sigo avanzando hacia la meta para ganar el premio que Dios ofrece mediante su llamamiento celestial en Cristo Jesús.
>
> Así que, ¡escuchen los perfectos! Todos debemos tener este modo de pensar. Y si en algo piensan de forma diferente, Dios les hará ver esto también. En todo caso, vivamos de acuerdo con lo que ya hemos alcanzado.
>
> (Filipenses 3:13–16)

Me encantan esos versículos. ¡Quiero olvidar lo que queda atrás! ¡Quiero proseguir a la meta! ¡Quiero ganar el premio! ¡Quiero ser madura! Así que todas aplaudimos al final de ese mensaje y prometemos esforzarnos por Jesús.

Pero espera un momento. No te vayas del aula todavía. Si miramos un poquito más adelante en este capítulo encontraremos un versículo contundente acerca de la comida:

> Porque por ahí andan muchos, de los cuales os dije muchas veces, y aun ahora lo digo llorando, que son enemigos de la cruz de Cristo; el fin de los cuales será perdición, cuyo dios es el vientre, y cuya gloria es su vergüenza; que sólo piensan en lo terrenal.
>
> (Filipenses 3:18–19, RVR 1960)

¡Ay! Esas palabras son punzantes. Palabras que nos pisan los cayos. Palabras que realmente no nos mueven a ponernos en pie y aplaudir. Pero ahí están y debemos prestarles atención.

Cuando el apóstol Pablo dice: «cuyo dios es el vientre», quiere decir que la comida puede convertirse en algo tan devastador que gobierne a las personas. Para hacerlo algo práctico aquí y ahora, notemos que hay ciertas comidas de las que nos resulta imposible alejarnos; no podemos o no queremos negarnos a nosotros mismos esa opción poco saludable con el fin de optar por otra más saludable. Eso constituye un indicio de que a cierto nivel ciertas comidas nos dominan. Que otra cosa que no sea Dios nos domine disminuye nuestro compromiso y nos lleva a sentirnos cada vez más lejos de él.

> *Que alguna otra cosa aparte de Dios nos gobierne es algo que Dios toma muy en serio. Y así también deberíamos tomarlo nosotros.*

Que alguna otra cosa aparte de Dios nos gobierne es algo que Dios toma muy en serio. Y así también deberíamos tomarlo nosotros. Yo no quiero vivir como enemiga de la cruz de Cristo. Es decir, no quiero vivir una vida que se resista al poder de la muerte y resurrección de Cristo solo porque no pueda alejarme de mis deseos dañinos.

Afortunadamente las palabras de Pablo a los filipenses no terminan en el versículo 19.

Hay buenas noticias:

> En cambio, nosotros somos ciudadanos del cielo, de donde anhelamos recibir al Salvador, el Señor Jesucristo. Él transformará nuestro cuerpo miserable para que sea como su cuerpo glorioso, mediante el poder con que somete a sí mismo todas las cosas.
> (Filipenses 3:20 – 21)

Ahora puedo volver a aplaudir. Quiero que su poder me ayude a poner todas las cosas, *todas las cosas,* bajo su control. Quiero que mi cuerpo miserable sea transformado. Quiero estar en proceso de llegar a ser cada vez más como Jesús. Sí, eso me hace aplaudir. Eso vuelve a establecer la realidad de que Dios, y no la comida, es el que tiene el control sobre mí. Eso me ayuda a permanecer íntegra en mi compromiso con él.

Entonces, ¿en realidad esta travesía de comer más saludable puede ayudarnos a acercarnos a Dios?

Sí, ya lo creo. Me mantengo en la respuesta que di en la conferencia aquel día. Y aunque tomar la decisión intencional de negarme a comer aquellos alimentos que son dañinos tal vez no sea el camino más simpático para acercarme más a Dios, es un camino de todas maneras. Un recorrido espiritual emocionante, difícil, práctico y valiente, con grandes beneficios físicos.

Preguntas para reflexionar

1. ¿Cuál es tu reacción ante la idea de que nos acercamos más a Dios cuando nos negamos a nosotras mismas algo que nos está permitido pero que no es beneficioso? ¿Has tenido alguna vez la experiencia de negarte algo que te ayudó a acercarte más a Dios? ¿Crees que esto podría tener que ver con tu lucha con la comida?

2. El apóstol Pablo menciona el dominio propio entre los frutos del Espíritu (Gálatas 5:22). ¿Existen aspectos de tu vida en los que experimentas el dominio propio y sientes que tu autodisciplina y decisiones sabias honran a Dios? ¿Por ejemplo, en las decisiones relacionadas con la manera en que gastas el dinero y administras tu tiempo? ¿Cómo el entender tus puntos fuertes en este aspecto podría ayudarte a honrar a Dios y a crecer en el dominio propio en lo referido a tus decisiones sobre la comida?

3. ¿Alguna vez has tenido la experiencia de que el Espíritu Santo te dé un codazo en relación con lo que eliges para comer? Si es así, ¿cómo fue? Si no, ¿cómo crees que el Espíritu podría ayudarte ahora?

4. Como cristianas, nuestro llamamiento, y nuestra fuente de nutrición espiritual, es hacer la voluntad de Dios y terminar su obra (Juan 4:34). ¿En qué medida tus pensamientos relacionados con el consumo de comidas han afectado tu capacidad para seguir adelante con tu llamamiento y recibir nutrición espiritual?

5. ¿Dirías que estás bien alimentada espiritualmente, desnutrida espiritualmente o en algún punto intermedio? ¿Alguna vez has tratado de usar la comida para satisfacer tus sensación de hambre espiritual? ¿Cuál fue el resultado?

6. Si notamos que nos resulta imposible alejarnos de ciertos alimentos, eso es una señal de que la comida nos domina en un cierto nivel. ¿Existen alimentos que no puedes o no estás dispuesta a negarte a ti misma con el fin de escoger algo más saludable? ¿Por qué son esos alimentos en especial tan importantes para ti? ¿Qué pensamientos y sentimientos surgen cuando consideras la posibilidad de renunciar a ellos?

Los números no me definen

Hace unos años estaba en una clase de ejercicios físicos cuando la chica que estaba a mi lado se inclinó y comenzó a contarme que había pasado el fin de semana con su hermana. Habían estado juntas un buen tiempo y ella regresó preocupada. Parece que su hermana había subido bastante de peso. Yo un poco la escuchaba y un poco intentaba hacer esfuerzos por alzar mis piernas adoloridas y flexionar el estómago, que se quejaba. De repente le presté atención cuando ella dijo bromeando: «Apenas puedo creerlo. Parece que mi hermana ahora pesa 150 libras (68,5 kg)».

Yo no sabía si reírme a carcajadas o guardar mi divertido secreto. El peso escandaloso que horrorizaba a mi compañera de ejercicios era justo el mismo que me había saludado esa mañana en la balanza. Y estaba parada en un solo pie, por si acaso eso pudiera reducir un poquito la cifra.

En ese momento la instructora nos mandó a tomar las cuerdas de saltar, lo que terminó repentinamente la conversación acerca de la hermana «con sobrepeso». Pero durante el resto de la clase yo no logré borrar la sonrisa de mi rostro. Deseaba tanto poder gritar aquellas tres palabras gloriosas: «¡YO SOY LIBRE!». En ese momento tuve una pequeña victoria sobre una cuestión de identidad que me había molestado durante mucho tiempo.

Al igual que muchas otras mujeres, yo había luchado con una percepción equivocada de mí misma. Mi sentido de identidad y valor dependía de cuestiones equivocadas: mis circunstancias, mi peso, que les hubiera gritado a los niños ese día, o lo que otras personas pensaran de mí. Si me parecía que no daba la talla, activaba el modo *retirada* o el modo *reparación*. El modo retirada me hacía alejarme de toda relación por temer el juicio de otros. Construía murallas alrededor de mi corazón para mantener la gente a distancia. El modo reparación me hacía analizar demasiado cada palabra y expresión de los demás, buscando maneras de manipular sus opiniones para que me resultaran más agradables. Por ejemplo, fíjense en la pregunta loca que le hacía a mi esposo cada vez que me sentía insegura mientras me preparaba por las mañanas: «¿Me veo gorda con esto?».

Esa pregunta no tenía nada que ver con mi ropa. Era un intento por lograr que el dijera algo, cualquier cosa que me hiciera sentir mejor conmigo misma. Yo podía manipular para conseguir un elogio, pero al final seguía sintiéndome vacía.

Ambos modos son locos.

Al igual que muchas otras mujeres, yo había luchado con una percepción equivocada de mí misma. Mi sentido de identidad y valor dependía de cuestiones equivocadas.

Así que me sentí muy alegre al descubrir que el comentario de mi compañera de ejercicios no me había afectado. Yo no tenía el peso al que apuntaba como meta, pero había entrado en el proceso de invertir sabiamente en mi salud y en mi crecimiento espiritual. Con diligencia llenaba mi corazón y mi mente de las verdades de Dios durante mi travesía y esas verdades me protegían. En ese momento yo podía sentir que el Espíritu Santo me llenaba de una seguridad serena. Y me sentí muy bien al poder decirme a mí misma: «Ciento cincuenta libras no es el punto que quiero alcanzar, pero es mejor que aquel desde donde empecé. Constituye una evidencia tangible de progreso. ¡Y progresar es bueno!».

Recordé vagamente algunos versículos de Isaías que había marcado en mi Biblia hacía poco. Después los busqué y, aunque Dios le hablaba allí a un gobernante cuyas luchas probablemente fueran muy diferentes de las mías, las palabras me resultaron asombrosamente consoladoras. Esto fue lo que escuché a Dios decirme a través de las palabras que él le habló a Isaías:

«Marcharé al frente de ti... *Yo sabía que en la clase de ejercicios de esta mañana se haría este comentario.*

…y allanaré las montañas…*y fue por eso que el Espíritu Santo te llevó a recordar precisamente estos versículos, aunque solo fuera de manera vaga, para protegerte de lo que podría haber sido una gran herida en tu corazón.*

Haré pedazos las puertas de bronce y cortaré los cerrojos de hierro…*haré pedazos las mentiras que pudieran haberte encarcelado y hecho dudar de tu verdadero valor.*

Te daré los tesoros de las tinieblas, y las riquezas guardadas en lugares secretos…*en los lugares más insólitos bendeciré tus esfuerzos y premiaré tu perseverancia con pequeños indicios de tu victoria.*

…para que sepas que yo soy el Señor, el Dios de Israel, que te llama por tu nombre»…*Yo te amo, Lysa. Te amé cuando pesabas casi 200 libras. Te amé con 167. Te amo con 150. Te amo y ningún número de la balanza jamás cambiará eso. No estoy llevándote en este recorrido porque necesite que peses menos. Te estoy llevando en él porque deseo que seas saludable en todo el sentido de la palabra. Yo conozco tu nombre, Lysa. Descansa ahora en la seguridad de mi nombre y en todo lo que eso significa para tu identidad.* (Isaías 45:2–3)

¿Te das cuenta por qué es tan importante llenar nuestros corazones y mentes con las palabras de Dios, y de lo vital que resulta hacer de su verdad el cimiento no solo de nuestra identidad sino de la manera en que lidiamos con la comida? El Espíritu Santo usa las palabras de Dios guardadas dentro de nosotros para codearnos, recordarnos, redirigirnos, darnos poder y guiarnos a la victoria. Quisiera poder transmitirte una fórmula más categórica. Algo mejor estructurado y paso por paso, de modo que no dependiera tanto de la decisión de escuchar al Espíritu Santo.

Pero hay algo que puedo asegurarte: Dios quiere comunicarse con nosotros. Y, como dije en el capítulo anterior, si le dedicas esta travesía a Dios, él promete que el Espíritu Santo estará contigo a cada paso del camino. Y eso significa que tendrás acceso a un poder que va más allá de lo que puedes lograr por ti misma.

Entonces, debido a la verdad de Dios, el comentario de una compañera de ejercicios no derrotó a esta chica que ama a Jesús. No me culpé interiormente porque no me gustan los vegetales crudos de las variedades verde y naranja. No me deshice en un mar de lágrimas. Las ideas no empezaron a agolparse en mi mente para tratar de encontrar la última moda en dietas, algo que funcionara un poco más rápido que este camino espiritual sin azúcar y con raciones limitadas.

La conversación acerca de la hermana que pesaba 150 libras no me definió de ninguna manera. Simplemente me reí entre dientes y seguí tarareando la canción de la película *El espanta tiburones:* «Me gustan los traseros grandes y no puedo decir mentiras». Realmente fue un momento glorioso en mi vida. No podría señalar específicamente el momento en que por fin dejé atrás las inseguridades que me habían perseguido durante años, pero esa interacción constituyó una prueba fehaciente de que por fin había tomado el camino de la sanidad.

En el capítulo anterior hablamos de acercarnos más a Dios a través de aprender el principio poderoso de negarnos a nosotras mismas cosas que nos distraen y nos impiden seguir. Pero hay otro paso que no podemos pasar por alto: nos acercamos más a Dios a medida que aprendemos a parecernos más a él y actuar más como él. La Biblia llama a eso participar de su naturaleza divina. No solo nuestras acciones necesitan reflejar el dominio propio que el Espíritu Santo nos brinda, sino que también nuestro sentido de identidad debe reflejar su presencia en nuestras vidas. Así es como el apóstol Pedro presenta esta verdad:

> Su divino poder, al darnos el conocimiento de aquel que nos llamó por su propia gloria y potencia, nos ha concedido todas las cosas que necesitamos para vivir como Dios manda. Así Dios nos ha entregado sus preciosas y magníficas promesas para que ustedes, luego de escapar de la corrupción que hay en el mundo debido a los malos deseos, lleguen a tener parte en la naturaleza divina.
>
> Precisamente por eso, esfuércense por añadir a su fe, virtud; a su virtud, entendimiento; al entendimiento, dominio propio; al dominio propio, constancia; a la constancia, devoción a Dios; a la devoción a Dios, afecto fraternal; y al afecto fraternal, amor. Porque estas cualidades, si abundan en ustedes, les harán crecer en el conocimiento de nuestro Señor Jesucristo, y evitarán que sean inútiles e improductivos. En cambio, el que no las tiene es tan corto de vista que ya ni ve, y se olvida de que ha sido limpiado de sus antiguos pecados. Por lo tanto, hermanos, esfuércense más todavía por asegurarse del llamado de Dios, que fue quien

los eligió. Si hacen estas cosas, no caerán jamás, y se les abrirán de par en par las puertas del reino eterno de nuestro Señor y Salvador Jesucristo. (2 Pedro 1:3–11)

Este texto es bastante largo, así que resumiremos aquellos principios que en estos versículos se relacionan con nuestras luchas con la comida y la identidad:

- El poder divino de Dios nos ha dado todo lo que necesitamos para experimentar victoria en nuestras luchas.
- Debemos reflejar una naturaleza divina, una identidad segura en Cristo, lo que nos ayudará a escapar de la corrupción del mundo y evitar los malos deseos.
- Es mediante las promesas bíblicas que encontramos el valor para negarnos a los deseos dañinos.
- Llegar a ser saludables no es solo una cuestión de fe, bondad y conocimiento. Tenemos que añadir a esa base la decisión de ejercer dominio propio y perseverar en él incluso cuando las cosas se pongan realmente difíciles.
- Estas cualidades evitan que nos volvamos ineficaces e improductivos en nuestra búsqueda de comer saludablemente y, lo que es todavía más importante, en nuestra búsqueda de acercarnos a Dios.
- Si decidimos ser cristianas que ofrezcan su dominio propio y perseverancia a Dios, para su gloria, podemos bajar de peso, ser saludables y caminar confiadas en que es posible salir del ciclo de bajar y volver a subir de peso. Podemos tener la victoria. Podemos subirnos a la balanza y aceptar los números por lo que son, un indicativo de lo que nuestro cuerpo pesa y no un indicio de nuestro valor.

¿Me permites repetir esa última oración? Tal vez debería repetirla cien veces. Y todas esas repeticiones no serían porque quisiera hacerte entender esta verdad, sino porque quiero entenderla yo misma.

Soy una chica que ama a Jesús y puede subirse a la balanza y ver los números como un indicativo de cuánto pesa mi cuerpo y no como un indicio de mi valor.

Soy una chica que ama a Jesús y puede subirse a la balanza y ver los números como un indicativo de cuánto pesa mi cuerpo y no como un indicio de mi valor.

¿Podemos decirlo una vez más?

Soy una chica que ama a Jesús y puede subirse a la balanza y ver los números como un indicativo de cuánto pesa mi cuerpo y no como un indicio de mi valor.

Bueno, ahora estoy empezando a sentirme como una animadora demasiado vivaz. Pero hermana, ¿puedo animarte a que dejes que las verdades de este capítulo se arraiguen en los lugares más profundos de tu corazón? Si eres como yo, hay aspectos en los que tus padres, amigos, y enemigos te han herido con sus comentarios, deliberada o inadvertidamente. Y a veces esos comentarios retumban en tu corazón y en tu mente y socavan tu valor.

Aquel día en el gimnasio, yo podría haber dejado que las palabras «Apenas puedo creerlo. Debe pesar como 150 libras» retumbaran y causaran un gran daño. En cambio, tomé el comentario y lo expuse a las verdades que el Espíritu Santo me estaba susurrando. Como dijo el apóstol Pedro, se nos ha dado todo lo que necesitamos para la vida y la piedad. El comentario descuidado de mi compañera de gimnasia no transmitía vida ni era piadoso. Por lo tanto, yo no tenía por qué interiorizarlo. Podía dejarlo en el piso del gimnasio y marcharme.

> Podemos subirnos a la balanza y aceptar los números por lo que son, un indicativo de lo que nuestro cuerpo pesa y no un indicio de nuestro valor.

Esa declaración no era para mí. Esa declaración no tenía que ver conmigo. Yo tenía que tomar una decisión. Podía alimentar aquel comentario y dejar que creciera hasta convertirse en algo que triturara mi identidad, o podía verlo como lo que era, un comentario imprudente. Así como yo puedo tomar la decisión de dejar las galletas en la vitrina de la panadería y las papitas en el estante del mercado, podía tomar la decisión de alejarme de ese comentario. De eso habla el apóstol Pablo cuando dice: «Destruimos argumentos y toda altivez que se levanta contra el conocimiento de Dios, y llevamos cautivo todo pensamiento para que se someta a Cristo» (2 Corintios 10:5).

Podemos, literalmente, preguntarle a un comentario o a un pensamiento que se nos presenta: «¿Eres real? ¿Eres beneficioso? ¿Eres necesario?». Y si la respuesta es que no, entonces no le abramos la puerta de nuestro corazón. Nosotras tomamos la decisión de alejarnos del comentario y de todos los pensamientos negativos que este pudiera producir si lo dejáramos entrar.

Me encantan estos versículos. Me encantan estas verdades. Me encanta mi identidad como una chica que ama a Jesús. Y me encanta que los números no me definan.

Preguntas para reflexionar

1. Lysa dice que cuando sentía que no daba la talla, ella activaba modo retirada o el modo de reparación. ¿Qué modo activas tú cuando sientes que no das la talla?

2. Lysa describe cómo Dios usó un pasaje de Isaías para animarla y afirma cuánto desea Dios tener comunicación con nosotros. Si tú pudieras escuchar claramente las palabras de Dios a lo largo del día, ¿qué tipo de cosas esperarías que él te dijera? Específicamente, ¿qué te gustaría oírle decir cuando te enfrentas con la elección de tus alimentos, o con cuestiones relacionadas con tu peso?

3. El apóstol Pablo escribe que «el divino poder [de Dios]…nos ha concedido todas las cosas que necesitamos para vivir como Dios manda» (2 Pedro 1:3). Es decir, que con el poder de Dios tenemos todo lo que necesitamos para experimentar victoria en nuestras luchas. ¿Te parece que tienes todo lo que necesitas de parte de Dios para vencer en tus luchas con la comida? ¿O es esta una de esas verdades que se ven bien escritas en la Biblia pero que no parecen resultar eficaces en la vida cotidiana? ¿Cómo podría cambiar tu relación con la comida si pudieras aceptar completamente esta verdad?

4. « Soy una chica que ama a Jesús y puede subirse a la balanza y ver los números como un indicativo de cuánto pesa mi cuerpo y no como un indicio de mi valor» (página 70). ¿De qué manera afectan tu autoestima los números que aparecen en la balanza? ¿Puedes

repetir la declaración de Lysa con toda confianza, o es algo a lo que aspiras pero que todavía no has alcanzado?

5. ¿Qué pensamientos autodestructores o comentarios hirientes de parte de otros pasan por tu mente habitualmente cuando se trata de la comida y de tu peso? ¿Qué entendimiento y perspectivas surgen de ellos cuando los analizas a través de estas preguntas?:

    - ¿Eres real?

    - ¿Eres beneficioso?

    - ¿Eres necesario?

Reconciliarme con la realidad de mi cuerpo

Tengo un recuerdo de la secundaria que me ha perseguido durante años. Había un muchacho por el que yo estaba completamente loca. En el lenguaje de hoy, los adolescentes dirían que estaba «muerta» por él.

De cualquier modo, recuerdo que cuando bajaban las luces en los bailes de la escuela, en algún punto entre las canciones «My Sharona» y «Walk Like an Egyptian» inevitablemente llegaba el sonido del dúo de Hall y Oates con «Your Kiss Is on My List» [Tu beso está en mi lista]. Yo tenía una lista y este muchacho era el primero en ella... ¿captas la idea?

El único problema era que mi príncipe tenía una lista también, y yo no era la primera. Ni siquiera estaba en la lista. Para él, nosotros solo éramos amigos. Al combinar esas dos cosas el resultado es angustia.

Entonces llegó un momento que ahora, veinte años después, puedo recordar como si hubiera sucedido el día anterior. El chico de la lista viene y se sienta a mi lado en el baile de la escuela. Yo trato de mostrarme tranquila y de expresar sorpresa al verlo. Como si no me hubiera fijado en él toda la noche, aunque en secreto yo había seguido cada uno de sus movimientos desde el momento en que él entró. Conversamos durante unos minutos.

Solo hablamos de cosas simples, pero dentro de mí pasa algo muy diferente. El corazón quiere salírseme del pecho; mi mente comienza a imaginar las páginas de nuestro futuro juntos: nuestro primer baile, nuestro compromiso, nuestra boda. Justo cuando estoy a punto de ponerle nombre a nuestros tres primeros hijos, él suelta una bomba.

Sí, justo como en la canción que dice: «Suéltame una bomba, niña, suéltame una bomba». Él me dice que cree que soy bastante linda pero que es una lástima que mis tobillos sean tan grandes, de lo contrario podríamos salir alguna vez.

—¿Perdón? ¿Acabas de decirme que tengo unos ojos azules grandes y lindos? Yo sé que *tobillos* y *ojos* no suenan parecido, pero seguro que no dijiste *tobillos*, ¿verdad?

—No —me contesta—, en realidad dije TOBILLOS COMO TANQUES.

En verdad yo podría escribir una de esas canciones pegajosas del tipo *High School Musical* y ganar millones con esta conversación horrible.

Imagina la cara de una chica dulce, con frenillos, bailando jazz, con dos colitas en su cabello y cintas que tratan de mantener el ritmo. Ponle un granito o dos y piernas muy lejos de parecerse a las de una modelo, y la canción sería algo así:

Me quiere,
no me quiere.
Si no fuera por mis tobillos tipo tanque
él creería que soy sensacional.

De veras… ¡tobillos gordos! ¿Por qué no se calló esa opinión? Yo hubiera podido anotar que él nunca me invitó a salir por mi cabello encrespado, mis granitos o mis frenillos…TODO ESO IBA A CAMBIAR CON EL TIEMPO. ¿Pero mis tobillos? ¿Tobillos gruesos como tanques? Bueno, ellos me acompañarían toda la vida.

Al final superé el hecho de que me molestara tener esos tobillos cada minuto de cada día. Justo cuando llegué al punto de que apenas fueran un tema de discusión semanal, decidí tener una conversación con Dios acerca de mis tobillos. Le dije que era algo tonto, pero que en realidad necesitaba tener una mejor perspectiva en cuanto a ese asunto de los tobillos gordos.

Creo que en realidad el Señor había estado ansioso por hablar sobre aquello conmigo. Él rápidamente respondió mi pregunta con otra.

Dios: —¿Tú eres torpe, Lysa?

Lysa: —Sí, Señor, soy muy torpe.

Dios: —¿Alguna vez te has torcido un tobillo?

Lysa: —Nunca.

Dios: —¿Te molestaría torcerte el tobillo constantemente y que no te funcionara?

Lysa: —Sí, me molestaría mucho.

Dios: —Lysa, te he equipado de manera perfecta con tobillos fuertes y cómodos. Sé agradecida.

La conversación no fue tan clara y directa. Y no, no escuché audiblemente la voz de Dios retumbando desde el cielo. Pero ese fue el mensaje que recibí mientras sentada y en silencio oraba al respecto. Tal vez podrías intentar pasar un tiempo «a solas» con Dios acerca de cualquier otro asunto equivalente a los tobillos gordos que tú tengas y ver lo que él te revela.

No conozco una sola mujer que esté completamente feliz con su cuerpo. No conozco una sola mujer que se levante un día y diga: «He comido saludable, he hecho ejercicios y por fin me encanta cómo me veo». No es mi caso. Es probable que el tuyo tampoco. Y no es el de mi amiga Karen que bajó más de 100 libras.

> *No conozco una sola mujer que esté completamente feliz con su cuerpo.*

Mi amiga Karen Ehman es una de mis personas preferidas para hablar acerca de bajar de peso. Karen creció teniendo una madre soltera que la amaba realmente, pero que no siempre podía estar a disposición de su hija como hubiera querido. En muchas ocasiones trataba de llenar el vacío de su ausencia y le decía a Karen que había dejado una caja de sorpresas sobre la mesada mientras salía corriendo para cubrir otro turno de trabajo.

Esas sorpresas se convirtieron en el consuelo de Karen, y a ello acudía cuando se sentía sola, triste o estresada. Ese patrón se convirtió en algo profundamente arraigado en Karen y con el paso de los años, ella terminó en lo que parecía un estado de obesidad imposible.

Debido a una serie de sustos con respecto a su salud, y de chequeos de su realidad, Karen se unió a Weight Watchers (Vigilantes del peso) y bajó 100 libras (45 kg). Y durante tres años pudo seguir adelante y no subir de peso.

Entonces su esposo se quedó sin trabajo. Tuvieron que vender la casa. Se sumaron otras causas de estrés y de repente todo comenzó a salirse de control. De repente sus viejos patrones de consuelo parecieron regresar. Además, no era divertido haber alcanzado el peso adecuado pero tener que seguir cuidándose de lo que comía sin la recompensa de ver descender los números en la balanza. Lo que empezó como darse una licencia se convirtió después en una licencia repetida y luego en un retorno a aquellos hábitos antiguos y arraigados. Cinco libras de más se convirtieron en treinta y Karen sintió que las antiguas punzadas de la derrota la tentaban a revertir por completo todo su progreso.

Otra vez llegó el momento de actuar en serio, pero en la segunda ocasión fue difícil. Ella sabía que en esta oportunidad algunas cosas tendrían que ser diferentes, y la principal era que su motivación pasara del deleite de ver que los números descendían en la balanza al deleite de obedecer a Dios.

En unos de los artículos de su blog titulado «Miércoles de pérdida de peso» ella escribió algo que me resulta increíblemente revelador y profundo. Reúne el tema del capítulo anterior acerca de que los números no nos definen con el tema de este capítulo sobre reconciliarnos con nuestros cuerpos. Esto fue lo que Karen escribió:

> Yo estaba muy esperanzada cuando me subí a la balanza esta mañana. Llevaba cuenta de lo que comía, hacía ejercicio cinco días por semana en el gimnasio, entre 30 y 45 minutos, y podía abrocharme los pantalones vaqueros mucho más fácilmente de lo que esperaba. Así que saqué la balanza del lugar en el que la tenía guardada (subirme a la balanza más de una vez a la semana me resulta dañino) y ella me dijo que:
>
> Había bajado 1,8 libras (0,800 kg).
>
> ¡Una insignificante libra y ocho onzas! ¡¡¡¿Qué?!!! Yo estaba segura de que mostraría unas dos libras, o quizá hasta tres. Me sentí defraudada. Y tuve ganas de correr a la cocina y prepararme uno o dos waffles de esos que vienen congelados, echarles mantequilla de maní y cubrirlos con almíbar para ahogar en ellos mis penas.
>
> Entonces me detuve y recordé lo que sentí que el Señor me decía esta semana.

Define tu semana por la obediencia y no por los números de la balanza.

La balanza nos ayuda a medir nuestro progreso pero no nos dice todo. No puede decirnos si el problema ha estado en consumir demasiada sal, lo que nos hace retener una libra o dos de agua. No puede decirnos si en realidad bajamos una libra de grasa pero aumentamos más en músculos por el entrenamiento con pesas. Y (lo que es mi caso esta semana), no puede decirnos en qué momento del mes estamos y darnos crédito automáticamente por las aproximadamente dos libras de más que esos pocos días gloriosos nos traen.

Entonces, debía detenerme y hacerme algunas preguntas:

- ¿Había comido demasiado algún día de esta semana? No.
- ¿Me había movido más y cumplido con mis ejercicios de forma regular? Sí.
- ¿Me sentía más ligera con respecto a cómo me sentía a esta misma hora el miércoles pasado? Sí.
- ¿Había comido en secreto por enojo o frustración? No.
- ¿En algún momento sentí que había corrido hacia la comida y no hacia Dios? No.
- *Antes* de subirme a la balanza, ¿pensé que había tenido una semana exitosa que le había agradado a Dios? ¡Sí!

Entonces, ¿por qué me siento tan atada a un número tonto? ¿Y por qué casi permito que me mande en un viaje a la cocina a darme un atracón de 750 calorías? (No se preocupen. En lugar de eso tomé yogurt y té).

Amigas queridas, necesitamos definirnos mediante nuestra obediencia y no por un número en la balanza.

¿De acuerdo?

¿Prometido?

Bien.

Estamos juntas en esto.

Y *sí* vamos a bajar de peso, ¡aunque sea solo 1.8 libras por vez!⁴

Me encanta lo que Karen dice acerca de definirnos mediante nuestra obediencia y no por un número en la balanza. O, en mi caso, por la talla de la ropa o cómo me siento cuando las modelos de cierta compañía pasan por la pantalla de mi televisor proclamando que Victoria tiene un secreto. Yo podría comer saludable y hacer ejercicios hasta el día del juicio final y nunca luciría como Victoria ni ninguna de sus amigas.

Sí, comer saludable y hacer ejercicios pone a nuestros cuerpos en forma, pero no se espera que obtengamos de nuestra apariencia la satisfacción que anhelan nuestras almas. Nuestra apariencia es temporal; si atamos nuestras almas a esa búsqueda fugaz, pronto quedaremos desilusionadas. La única satisfacción verdadera que podemos encontrar es la satisfacción de ser obedientes al Señor.

Me encantan las preguntas que abordó. ¡Qué buena lista de preguntas para hacérmelas cuando (aunque esté en el peso deseado) me pruebo un traje de baño y el destello de las luces incandescentes destaca múltiples imperfecciones. O cuando todavía tengo que usar fajas con algunos de mis pantalones de vestir. O cuando mis tobillos me recuerdan que las faldas no son la mejor opción de mi ropero.

> *El cuerpo que Dios me ha dado es bueno. No es perfecto ni nunca lo será. Pero es un regalo por el que estoy agradecida.*

El cuerpo que Dios me ha dado es bueno. No es perfecto ni nunca lo será. Todavía tengo celulitis. Todavía tengo los tobillos gordos. Y aunque como de manera saludable, no hay garantías. Soy tan susceptible al cáncer o alguna otra enfermedad como cualquiera. Pero mi cuerpo es un regalo, un buen regalo por el que estoy agradecida. Ser fiel al cuidar este regalo y andar según el plan de Dios me renueva las fuerzas y me permite tener una perspectiva saludable de mi cuerpo. Y así, como el salmista, puedo hacer esta oración de acción de gracias por el cuerpo que tengo, y hacerla sinceramente:

> Alaba, alma mía, al Señor;
> alabe todo mi ser su santo nombre.
> Alaba, alma mía, al Señor,
> y no olvides ninguno de sus beneficios.
> Él perdona todos tus pecados
> y sana todas tus dolencias;
> él rescata tu vida del sepulcro
> y te cubre de amor y compasión;

él colma de bienes tu vida
y te rejuvenece como a las águilas.
(Salmo 103:1–5)

Nos resulta fácil enfocarnos en lo que nos parece que está mal en nuestros cuerpos. Así me pasaba con mis tobillos. Sabía que podía comer saludable y hacer ejercicios por el resto de mi vida y de todos modos mis tobillos seguirían gruesos. Yo sé que en sentido general, esta es una preocupación superficial. Pero, si yo permitía que mi cerebro se estancara en un lugar de insatisfacción con respecto a cualquier parte de mi cuerpo, le daría a Satanás el espacio suficiente para instalarse con su mentira y quitarme la motivación: «Tu cuerpo nunca va a lucir como quieres. ¿Para qué sacrificarte tanto? Tu disciplina es inútil». Es por eso que tengo que buscar la perspectiva del Señor y, como el Salmo 103 nos recuerda: «no olvidar ninguno de sus beneficios».

Dios no ha maldecido tu cuerpo con ciertos defectos. Él no maldijo mi cuerpo con tobillos gruesos. Cuando yo me tomé el tiempo de preguntarle, él me reveló el beneficio de esos tobillos. ¡Qué libertad! ¡Qué redención! ¡Qué regalo tan lindo! ¡Qué satisfacción tan terminante! Y tal y como afirma el Salmo 103, Dios satisface tus deseos, «colma de bienes tu vida y te rejuvenece como a las águilas».

Al estudiar este versículo, y decidir descansar en al realidad de que mi cuerpo es un buen regalo, por primera vez en mi vida le di gracias a Dios por hacerme tal y como soy. Puedo pasar junto a aquellas mujeres que aparecen en la televisión o en las revistas, que tienen tobillos delgados y están maquilladas con vaporizador, sin aborrecerme a mí misma.

He encontrado lo que es bello en mí. Y me gusta mi belleza. No tengo que comparar mi belleza con la de otras mujeres con un juicio crítico. Como dijera Ralph Waldo Emerson una vez: «Aunque recorramos el mundo entero para encontrar la belleza, debemos llevarla dentro de nosotros o no la encontraremos».[5]

Y ahora, como dice Paul Harvey, el legendario comentarista radial, aquí esta el resto de la historia. Si yo hubiera tenido tobillos que atrajeran al chico de la lista, si hubiera danzado con él, me hubiera comprometido con él y me hubiera casado con él… Bueno, me hubiera perdido a un hombre maravilloso llamado Art, que me ama con tobillos gruesos y todo.

Preguntas para reflexionar

1. Todas tenemos al menos un rasgo físico que quisiéramos poder cambiar. En algunas puede ser un rasgo facial, como la forma de su nariz; para otras, el tamaño de sus senos o la forma de su cuerpo. Para Lysa son los tobillos gruesos. ¿Cuál es tu equivalente a los tobillos gruesos? ¿Cuál es tu primer recuerdo en cuanto a sentirte avergonzada por ese aspecto de tu apariencia? ¿Ya te has reconciliado con esa parte de tu cuerpo o todavía constituye una fuente de insatisfacción dolorosa?

2. Karen Ehman describe la forma en que aprendió a cambiar su motivación, pasando del deleite de ver que los números de su balanza descendieran al deleite de la obediencia a Dios (página 77). Cuando piensas en tus esfuerzos anteriores por modificar tus hábitos de alimentación, ¿qué experiencias o logros entiendes que te dieron una mayor motivación para seguir adelante? ¿Esas motivaciones alguna vez tuvieron un efecto contraproducente o se convirtieron en algo que dejó de motivarte?

3. Karen realizó algunos esfuerzos prácticos para redefinir su progreso al hacerse las preguntas que aparecen a continuación. Al repasar cada pregunta y reflexionar en lo que has comido durante la última semana, ¿cómo evaluarías tu progreso? ¿Te gustaría añadir algunas otras preguntas a la lista?

   • ¿He comido demasiado algún día de esta semana?

   • ¿Me he movido más y cumplido con mis ejercicios de forma regular?

   • ¿Me siento más ligera hoy que como me sentía a esta misma hora el miércoles pasado?

   • ¿He comido en secreto por enojo o frustración?

- ¿En algún momento sentí que corría hacia la comida y no hacia Dios?

- Antes de subirme a la balanza, ¿pensé que había tenido una semana exitosa que le agradara a Dios?

4. Lysa señala que es posible estacionar nuestros cerebros en un lugar de insatisfacción en lo referido a nuestros cuerpos, o de lo contrario aceptar nuestros cuerpos y agradecer a Dios por habernos hecho tal como somos. Marca con una X en la secuencia que aparece a continuación para describir cómo te sientes actualmente en relación con tu cuerpo.

Mi cuerpo está maldecido por defectos   Mi cuerpo es buen regalo

Imagina por un instante que la X anterior no la has puesto tú sino alguien a quien amas: un hijo, una amiga, una hermana. ¿Cómo te hace sentir el lugar en el que la pusieron? ¿Qué quisieras decirle a esa persona? ¿Cómo podrías orar por ella? ¿Son cosas que te dirías a ti misma? ¿Orarías por ti misma?

5. Lysa describe la libertad y la redención que sintió al descubrir los beneficios de sus tobillos gruesos (página 75). ¿Alguna vez has pensado en tus defectos físicos desde esta perspectiva? ¿Cuáles podrían ser los beneficios ocultos de los rasgos físicos que quisieras no tener?

6. Si un genio mágico te ofreciera hacer realidad uno de los siguientes deseos, ¿cuál escogerías? ¿Cómo crees que tu vida podría cambiar como resultado de cualquiera de esas opciones?

- Una cirugía cosmética instantánea e indolora para cambiar algo en tu apariencia física (como los tobillos de Lysa).

- Una reorientación permanente de la manera en que piensas y sientes con respecto a tu cuerpo que te permita decir de todo corazón: «He encontrado mi lado bello. Me gusta mi lado bello».

¡El ejercicio me produce ganas de llorar!

uando empecé a salir con mi esposo, al que le encanta hacer ejercicio, yo detestaba correr. Pero pronto me motivé, cuando descubrí que era una manera fantástica de pasar más tiempo con ese hombre de quien estaba perdidamente enamorada.

Resulta asombroso que el amor pueda motivarnos. Él corría. Yo corría. Corríamos juntos. Y aunque me encantaba pasar ese tiempo con Art, nunca disfruté de correr.

El primer día de nuestra luna de miel, Art se despertó y alegremente me invitó a salir a correr. «¿Y por qué querría yo hacer eso? A mí no me gusta correr. Y ahora que estamos casados, no veo la necesidad. Creo que la única razón por la que una persona debe sudar es por estar acostada junto a la piscina. Hagamos eso».

Art me miró atónito.

Esto fue lo curioso del asunto: Antes de conocer a Art yo había orado por un esposo que me motivara y animara a hacer ejercicio. ¡Y Dios sí que me había respondido! Y eso nos brindó a los dos algunas «oportunidades importantes de crecimiento».

Constituyó una tremenda batalla para mí. Un par de veces por semana, y sin ningún entusiasmo, yo hacía algún ejercicio físico, y detestaba cada minuto que duraba. La parte más frustrante era que los esfuerzos a medias solo producían resultados mediocres. Con el paso de los años, cada vez estaba en peor estado físico.

Después de un tiempo, me paré frente al espejo tratando de decidir si debía o no resignarme a no tener un buen estado físico. Me preguntaba: *¿Habré llegado a una edad y etapa de la vida en la que bajar de peso y estar en forma resultan imposibles?* Las muchas libras de más que había en mi cuerpo podían justificarse fácilmente. Al fin de cuentas, yo había dado a luz tres hijos. Incluso parecía haber subido de peso con los dos que adoptamos. *Estoy muy ocupada con ellos. Esta es mi etapa de criar hijos, no de levantar pesas. Estoy demasiado activa corriendo de aquí para allí con los niños como para correr a modo de ejercicio.* Pero muy dentro de mi corazón, yo no estaba tranquila. La realidad era que no me sentía bien ni física ni emocionalmente. Sentía vergüenza de solo pensar en desvestirme frente a mi esposo. No porque el me juzgara, sino porque yo me juzgaba a mí misma.

Nada puede destruir más rápido la atmósfera romántica que los pensamientos negativos de una mujer con respecto a ella misma. Muchas mañanas me sorprendía mirándome al espejo del baño y llorando, lamentándome al pensar cuál de mis pantalones podría ocultar mejor mi barriga. Clamé a Dios y reconocí que era algo loco ponerme así por mis pantalones. ¡Qué barbaridad! Quería sobreponerme a ese asunto vano y sentirme cómoda con la persona que era, independientemente de la talla. La marea de justificaciones reaparecía, pero esta vez con un giro espiritual: *El mundo nos ha vendido a nosotras las mujeres la idea de que para ser buenas tenemos que ser delgadas. Estoy demasiado preocupada por mi crecimiento espiritual como para dejarme distraer por asuntos mezquinos como el peso y el hacer ejercicios. Dios me ama tal como soy.*

> *Los esfuerzos a medias solo producían resultados mediocres.*

Aunque las justificaciones espirituales también sonaban bien, en mi corazón todavía no estaba tranquila. Sabía que mi problema con el peso no tenía nada que ver con que yo fuera espiritual o mundana. Si era sincera conmigo misma, el problema era muy sencillo: falta de dominio propio. Yo podía adornarlo y justificarlo todo lo que quisiera, pero la verdad era que no tenía un problema con el peso, tenía un problema espiritual. Dependía más de la comida para recibir consuelo que de Dios. Y sencillamente era demasiado vaga como para tomarme un tiempo y hacer ejercicios.

¡Ay! Esa verdad duele.

Así que, después del Día de las Madres, de hace dos años, me levanté por la mañana y salí a correr. Bueno, la palabra *correr* debería usarse en términos muy amplios como para definir lo que yo hice en realidad. Salí y moví mi cuerpo más rápido de lo que lo había hecho en mucho tiempo. ¿Y sabes qué? Lo detesté. Hacer ejercicio solo me daba ganas de llorar.

Además me acaloraba y me ponía pegajosa. Hacía que las piernas me dolieran y que los pulmones me ardieran. No tenía nada de divertido hasta después que terminaba. ¡Pero la sensación de cosa lograda que experimentaba luego era fantástica! Así que cada día luchaba con las lágrimas y las excusas y hacía el esfuerzo de correr.

Al principio solo podía trotar lentamente desde un buzón a otro, en un barrio en el que las casas están una cerca de la otra, gracias a Dios. Poco a poco comencé a ver evidencias de progreso. La palabra clave aquí fue *lentamente*. Cada día le pedía a Dios que me diera fuerzas para mantenerme haciéndolo por una vez más. Lo había intentado muchas veces antes, y luego de unas pocas semanas había fracasado. Cuánto más relacionaba el correr con el crecimiento espiritual y la disciplina, menos me enfocaba en el peso. No consideraba cada libra que bajaba como un intento por estar más delgada sino como una evidencia de la obediencia a Dios.

Un día, salí para hacer mi versión de una carrera y Dios me habló al corazón con claridad. A menudo pasaba mi tiempo de ejercicio hablando con Dios, pero ese día un mandato claro de parte de Dios retumbó en mi corazón: «Corre hasta que no puedas dar otro paso. No lo hagas con tu fuerza sino con la mía. Cada vez que quieras parar, ora por esa amiga que tiene problemas y a la que acabas de desafiar a que no se rinda. Y sigue tu propio consejo, no pares hasta que yo te diga».

En muchas otras ocasiones Dios me había dado instrucciones claras acerca de hacer cosas, pero nunca alguna que fuera tan agotadora. Hasta ese momento yo tenía como récord el correr tres millas, lo que me parecía bastante estelar. A mí tres millas parecían como un maratón. Así que tal vez Dios quería que yo corriera un poco más de esas tres millas y me regocijara en depender de su fuerza para hacerlo. Pero cuando me iba acercando a ese punto en mi carrera, mi corazón traicionó a mi cuerpo y le dijo: «Sigue».

De ahí en más, tuve que orar para dar cada paso y depender de Dios. Cuánto más me enfocaba en correr hacia Dios, menos pensaba en mi deseo de parar. Y este versículo de los Salmos cobró vida: «Podrán desfallecer mi cuerpo y mi espíritu, pero Dios fortalece mi corazón; él es mi herencia eterna» (73:26).

Mientras corría ese día me conecté con Dios en un nivel diferente. Experimenté lo que significaba necesitar solo la fe en Dios para llevar adelante algo hasta el final. Muchas veces he dicho ser una mujer de fe, pero rara vez he vivido una vida que requiriera fe. Ese día Dios no me dejó parar hasta correr 8,6 millas.

Escúchenme. Fueron *mis* piernas las que dieron cada paso. Fue *mi* energía la que se usó. Fue *mi* esfuerzo el me llevó de una milla a tres, a cinco, a siete, a 8,6. Pero fue la *fortaleza de Dios* la que reemplazó mis excusas paso a paso.

Cuánto más relacionaba el correr con el crecimiento espiritual y la disciplina, menos me enfocaba en el peso. No consideraba cada libra que bajaba como un intento por estar más delgada sino como una evidencia de la obediencia a Dios.

Para una chica de las que corren de buzón a buzón, que lloraba cuando pensaba en hacer ejercicio, y alérgica a la disciplina física, ese fue un milagro de los tiempos modernos. Rompí la barrera del «no puedo» y expandí los horizontes de mi realidad. ¿Que si fue difícil? Sí. ¿Me sentí tentada a rendirme? Sin lugar a dudas. ¿Podría hacer eso con mi propia fuerza? Nunca. Pero eso en realidad no fue una cuestión de correr. Era cuestión de entender que el poder de Dios se encargaba de mi debilidad.

También debo señalar que regresé a mi carrera estándar de tres millas la próxima vez que corrí. Pero lentamente aumenté mis carreras diarias a cuatro millas, y estoy muy feliz con esa distancia. Correr 8.6 millas todos los días no es algo realista para mí.

Pero aquel día fue glorioso. En especial por lo que descubrí cuando llegué a casa.

Ya que había estado pensando en un versículo de los Salmos mientras corría, tomé mi Biblia en cuanto llegué a la casa y la abrí en el Salmo 86, en honor a mis 8,6 millas.

Esto es parte de lo que leí: «Instrúyeme, SEÑOR, en tu camino para conducirme con fidelidad. Dame integridad de corazón para temer tu nombre. Señor mi Dios, con todo el corazón te alabaré, y por siempre glorificaré tu nombre» (Salmos 86:11–12).

Un corazón íntegro. De eso se trataba toda esta travesía para tomar dominio sobre mis ansias. Cuando se trata de mi cuerpo, no puedo vivir en medio de un conflicto de lealtades. Puedo ser leal al Señor, honrándolo con mi cuerpo, o puedo ser leal a mis ansias, deseos y excusas diversas para no hacer ejercicio. El apóstol Pablo les enseñó a los corintios sobre esto hace dos mil años cuando escribió: «¿Acaso no saben que su cuerpo es templo del Espíritu Santo, quien está en ustedes y al que han recibido de parte de Dios? Ustedes no son sus propios dueños; fueron comprados por un precio. Por tanto, honren con su cuerpo a Dios» (1 Corintios 6:19-20).

En el Antiguo Testamento encontramos la historia más interesante acerca de la seriedad con que se toma Dios que su pueblo cuide el templo que se les ha confiado. Antes de que se nos diera el Espíritu Santo y nuestros templos se convirtieran en templos de la presencia de Dios, Dios estaba presente entre su pueblo en una casa de adoración llamada templo. El libro de Hageo describe que una de las primeras cosas que el pueblo de Dios hizo cuando regresó del exilio de Babilonia fue reconstruir el templo. Comenzaron con mucho entusiasmo e intenciones maravillosas, pero poco a poco recayeron en una actitud descuidada y acabaron dejando de trabajar por completo en él. Otras cosas parecían más urgentes, y más atractivo el ocuparse de ellas. Y esta fue la forma en que Dios reaccionó:

> Así dice el Señor Todopoderoso: «Este pueblo alega que todavía no es el momento apropiado para ir a reconstruir la casa del Señor».
>
> También vino esta palabra del Señor por medio del profeta Hageo:
>
> «¿Acaso es el momento apropiado para que ustedes residan en casas techadas mientras que esta casa está en ruinas?»
>
> Así dice ahora el Señor Todopoderoso:
>
> «¡Reflexionen sobre su proceder!
>
> Ustedes siembran mucho, pero cosechan poco; comen, pero no quedan satisfechos; beben, pero no llegan a saciarse; se visten,

pero no logran abrigarse; y al jornalero se le va su salario como
por saco roto».

Así dice el Señor Todopoderoso:

«¡Reflexionen sobre su proceder!

Vayan ustedes a los montes;

traigan madera y reconstruyan mi casa.

Yo veré su reconstrucción con gusto,

y manifestaré mi gloria», dice el Señor (Hageo 1:2-8).

Esto me recuerda lo dividido que puede estar mi corazón cuando
se trata de cuidar mi cuerpo, el templo de Dios. Al igual que esta gente,
yo podría decir fácilmente: «No es un momento en el que me sea factible cuidar de mi cuerpo. No puedo encontrar el tiempo, entre atender
los niños, asumir mis responsabilidades de trabajo, llevar una casa adelante, pagar las cuentas y seguir con todas las actividades cotidianas.
Hacer ejercicio no es una actividad realista en mi caso».

Pero la fuerte advertencia del Señor es «reflexionen sobre su proceder» y háganse tiempo para «reconstruir la casa», de modo que él
sea honrado. El pueblo de Dios descuidó la construcción del templo
durante diez años. Cada año se presentaba alguna otra cosa que les parecía más importante. Durante años yo hice lo mismo con el ejercicio.
Siempre tenía la prioridad alguna otra cosa.

Sin embargo, para ser en verdad sincera, tendría que reconocer que
me hacía tiempo para lo que yo en realidad quería hacer. No estaba
reflexionando sobre mi proceder. No hacía planes que incluyeran ejercicios todos los días, ni le daba a ese tiempo la misma prioridad, pri-
vilegiándolo por sobre cosas menos importantes. Al parecer, siempre
encontraba tiempo para ver mi programa de televisión favorito o para
conversar con una amiga por teléfono. De la misma manera, resultaba
obvio que los judíos que habían regresado de Babilonia también tenían
el tiempo para hacer las cosas que ellos realmente querían. Encontra-
ron el momento y la energía para ponerle techo a sus casas a la vez que
ignoraban la casa del Señor.

No haber cuidado el templo del Señor tuvo sus consecuencias:
«Por eso, por culpa de ustedes, los cielos retuvieron el rocío y la tierra se negó a dar sus productos» (Hageo 1:10). No digo que Dios hará
que nos pasen cosas malas si no nos ejercitamos, pero se producirán

consecuencias naturales por no cuidar de nuestros cuerpos. La gente que no cuida de su cuerpo en el debido momento, sufre las consecuencias de esas decisiones después. Ya sea que por un mayor peso tengamos menos energía ahora, o que suframos enfermedades del corazón después, nuestras decisiones tienen importancia tanto desde lo físico como desde lo espiritual.

En el sentido espiritual, cuando no cuido de mi cuerpo, yo me siento mucho más agobiada por el estrés y los problemas. Tengo menos energía para servir a Dios y emociones más complicadas al intentar abrirme camino cuando proceso la vida.

Y hablando de procesar la vida, mi amiga Holly y yo ahora corremos juntas casi todas las mañanas. Aunque no puedo decir que siempre tengo el deseo de salir de la cama y empezar a correr, me alegra hacerlo una vez que empiezo. Sin hablar de lo bien que me siento cuando terminamos. Además del beneficio de hacer ejercicio juntas, también usamos ese tiempo para orar, considerar nuestras decisiones y hablar de lo que Dios nos está enseñando.

¿Podría admitir ante ti algo muy extraño? En realidad ahora agradezco tener un cuerpo y un metabolismo que requieren de que yo haga ejercicio. He reflexionado sobre mi proceder y he decidido que cuidar de mi templo es una gran prioridad. Lo he programado. Tengo que rendir cuentas por cada cita diaria porque sé que Holly me va a llamar si no aparezco. He aprendido a aceptar los beneficios, en lugar de resistirme a las dificultades. Y aunque nunca pensé que llegaría a decir esto, me encanta la sensación de haber alcanzado un logro que me produce correr cada día. Incluso si todo lo demás de mi día se desmoronara, puedo sonreír y decir: «Sí, pero con la ayuda del Señor corrí cuatro millas esta mañana!».

Tal vez lo tuyo no sea correr. Así que averigua qué es. A mi mamá le encanta decir que el mejor ejercicio es aquel que uno hace. Estoy de acuerdo. Y aunque soy absolutamente consciente de que mi templo puede no ser la mejor de las moradas de Dios, quiero presentarle al Señor toda mi disposición cada día y dedicarle a él mi ejercicio como un regalo, y aun como un regalo para mí misma. Este acto unifica mi corazón y me recuerda el propósito más profundo que hay en movilizar mi cuerpo.

¿Te puedo contar rápidamente algo simpático con respecto a que mi cuerpo no sea la mejor de las moradas?

Cuando estábamos de vacaciones el verano pasado, fui al gimnasio del hotel. No era el mejor ambiente para hacer ejercicios, porque no contaba con aire acondicionado y hacía mucho calor. Así que, para tratar de distraer mi cerebro del sufrimiento que estaba a punto de soportar al caminar/correr en esa máquina, tomé el iPod de mi esposo. Mientras me preguntaba qué tipo de música de alabanza escucharía él mientras hacía ejercicios, me conmovió ver una categoría de música llamada «Queen» [reina].

¡Ahhhh, esas canciones seguro deben hablar de mí! Me sentí como si estuviera a punto de leer su diario personal, taimada y aturdida a la vez, mientras me subía a la máquina cada vez más motivada.

Entonces empezó la música.

Quiero que conste que mi esposo ama mucho a Jesús. Sí que lo ama. Pero que conste también que, aunque uno puede sacar al muchacho de la secundaria, no se puede sacar la secundaria del iPod del muchacho.

¡Ejem!

La canción de «alabanza» sobre su «reina» era… espera, voy a dejar que te prepares…

«Las chicas con el trasero gordo, hacen que el mundo gire».

Lo peor fue que cuando me di cuenta de lo que decía la canción, ya había estado tarareando la pegajosa melodía en voz alta a oídos de todo el mundo que allí se ejercitaba. Cualquiera que conociera la melodía probablemente conocería la letra y se debe haber reído bastante a costa de mí.

A mi mamá le encanta decir que el mejor ejercicio es aquel que uno hace.

Voy a dejar que aquella imagen impregne tu cerebro solo por un momento. Y eso es todo lo que tengo que decir, excepto que los trajes de baño con falda son un invento bendito.

En fin, hoy no me encontrarás lamentándome frente al espejo. Me encontrarás afuera, en mi carrera matutina. Me encontrarás comiendo un desayuno saludable. Encontrarás que peso 26 libras menos. Aunque eso sea un gran beneficio, lo que realmente me hace sentir bien es aquello de tener un corazón íntegro, no dividido, y saber que con Dios puedo decir sin reservas: «¡Yo puedo! ¡Lo haré! ¡Lo hice!».

De hecho, resulta asombroso que el amor puede motivarnos, especialmente cuando se trata del amor sin reservas de Dios unido con nuestro corazón indiviso, íntegro.

Preguntas para reflexionar

1. ¿Qué pensamientos, emociones o imágenes te vienen a la mente cuando piensas en hacer ejercicios? ¿Haces asociaciones positivas, negativas o una mezcla de ambas?

2. Lysa describe su experiencia de correr literalmente por fe aquel día en que Dios le indicó que siguiera corriendo hasta que él le permitiera detenerse. Ella corrió 8,6 millas, o sea, 5,6 millas más de lo que nunca antes había corrido. ¿Por qué experiencias has pasado que te requirieron una fe que no pensabas que tuvieras como para llegar a terminar algo? ¿Qué aprendiste? ¿Cómo afectó eso tu relación con Dios?

3. ¿En qué aspectos de tu vida te sientes fuerte? ¿Por ejemplo, en tu conocimiento profesional, en tu don de hospitalidad, en tus habilidades creativas, en tu capacidad de orar por otros? ¿Alguna vez has usado esos puntos fuertes para ayudar a alguien débil o a alguien que no sabía tanto como tú? ¿De qué modo una experiencia así te da una comprensión de lo que significa permitir que el poder de Dios se encargue de tus debilidades, y en especial de tus partes flacas referidas a la comida y a los ejercicios físicos?

4. «Instrúyeme, Señor, en tu camino para conducirme con fidelidad. Dame integridad de corazón para temer tu nombre» (Salmo 86:11). Cuando se trata de tu cuerpo, ¿qué fuerzas compiten por tu atención y lealtad? ¿Te debates entre el deseo de honrar a Dios y el de mantenerte leal a tus apetencias y a las excusas que encuentras para no hacer ejercicios? ¿Crees que tu vida sería diferente si tuvieras un corazón íntegro?

5. Cuando piensas en tus horarios y en las demandas cotidianas, ¿cuál de las siguientes declaraciones se acerca más a la manera en que te sientes con respecto al tiempo?

- La mayor parte de mi tiempo está bajo control. Tengo una cantidad limitada de responsabilidades y obligaciones que no puedo cambiar, pero aparte de eso, puedo planificar mi propio horario.

- Parte de mi tiempo está bajo control. Tengo varias responsabilidades y obligaciones que no puedo cambiar, pero cada semana cuento con espacios que puedo usar para las cosas que quiero hacer.

- Prácticamente nada de mi tiempo está bajo mi control. En este momento mis responsabilidades y obligaciones lo ocupan todo. La única manera de poder añadir algo más a mi horario es privarme de un poquito de sueño cada noche.

¿De qué manera te ayuda tu respuesta a entender lo que sientes con respecto a hacer ejercicio? En una escala de uno a diez (en la que uno significa muy poco y diez mucho), ¿cuánto esfuerzo te requeriría lograr tiempo dentro de tu programa para hacer ejercicio regularmente (de tres a cinco veces por semana)?

6. Lysa dice acerca del ejercicio: «He aprendido a aceptar los beneficios en lugar de resistirme a las dificultades». Dibuja una línea que divida en dos una hoja de papel. En uno de los lados coloca todas las dificultades que encuentras para hacer ejercicios; en el otro, incluye todos los beneficios. ¿Qué lista tiene más peso para ti? ¿Crees que los beneficios pesan más que las dificultades, o viceversa? ¿Puedes imaginar que sería posible que aceptaras los beneficios en lugar de resistirte a las dificultades? ¿Por qué sí, o por qué no?

¡Esto no es justo!

Tenía ante mí una enorme porción de aquella delicia de pastelería. Era la combinación de tres postres diferentes, todo en uno. Una capa de cheesecake, otra de pastel helado, y en el medio de las dos, una de pastel de chocolate… ¡todo cubierto por una especie de dulce de leche que parecía incitarme a comerlo!

Me lo sirvieron cuando Art y yo estábamos en aquellas vacaciones románticas que mencioné en el capítulo anterior. En las que también encontré la canción «Las chicas con el trasero gordo, hacen que el mundo gire». Sí, mejor no hablemos de eso otra vez.

En fin, en ese momento yo estaba comenzando mi aventura de negarme al azúcar. En casa me había ido bien, pero estar sentada ahí, mirando aquel postre, me resultaba difícil. Había caído en un lugar repleto de cosas que mi mente no podía ni concebir, junto a mi esposo, que puede comerse una libra de azúcar al día y aún así lucir en forma y estilizado.

Decir «no es justo» ha hecho que muchas mujeres dejaran de lado aquello que sabían que era bueno por experimentar la emoción temporal de cualquier otra cosa a la que consideraran justa.

Yo no quería que Art se lo perdiera, así que le dije que por favor lo disfrutara. «Yo estoy bien así», le dije con una sonrisa despreocupada. Pero dentro de mí se producía una reacción muy diferente: «¡No es justo!».

Creo que este es uno de los trucos principales que usa Satanás con nosotras las mujeres para hacernos ceder a la tentación.

Decir «no es justo» ha hecho que muchas mujeres dejaran de lado aquello que sabían que era bueno por experimentar la emoción temporal de cualquier otra cosa a la que consideraran justa. Pero al día siguiente vuelve a salir el sol, como habitualmente lo hace. Y a medida que cada rayo de luz se torna más brillante, la comprensión de lo que se hizo la noche anterior resulta más clara.

La culpa inunda el cuerpo.

Las preguntas inundan su mente.

La inseguridad destruye la confianza.

Y entonces llega la ira. Ira contra ellas mismas. Ira contra el objeto de su deseo. Ira incluso contra el Dios poderoso que con toda seguridad podía haberlo impedido.

No es justo que otros puedan tener esto, hacer aquello, actuar de ese modo.

No es justo que Dios no nos deje comer del fruto del árbol que está en medio del huerto… Un pedacito no ha de resultar tan malo, ¿cierto?

No es justo que no pueda comprar ese nuevo objeto que no solo quiero sino que realmente creo que necesito. Una pequeña deuda no puede ser tan mala, ¿verdad?

No es justo que tenga este cuerpo que me requiere vigilar todo lo que como, en tanto que aquella otra mujer come pura basura y sigue usando la talla cuatro. Un pedacito de «cheesecake» no debe ser algo tan malo, ¿no es cierto?

No es justo que no podamos tener relaciones sexuales antes de casarnos cuando estamos tan enamorados. Experimentar una vez no está tan mal, ¿verdad?

Nuestra mente cree la mentira de Satanás sobre que no es justo que se nos nieguen las cosas. Así que comemos del fruto prohibido y dejamos que Satanás escriba la palabra «vergüenza» en nuestro corazón.

Entiendo que un trozo de pastel es una concesión pequeña en comparación con el hecho de que una joven pierda su pureza. Pero si una porción de postre lleva a dos, y eso nos impulsa a realizar otras concesiones, lo que implica que todo nuestro plan de comer saludablemente se haga pedazos, entonces la caída es bastante similar.

Y sea que hablemos de mantener relaciones sexuales prematrimoniales o de hacer trampas con nuestra dieta, una vez que probamos el fruto prohibido, lo deseamos mucho más que antes. Y así le vamos dando a la tentación cada vez más poder. Y si se le da el poder suficiente, la tentación invadirá nuestros pensamientos, cambiará el rumbo de nuestras acciones y exigirá nuestra adoración. A la tentación no le gusta pasar hambre.

Yo no sé qué es lo que te tienta a ti hoy, pero conozco ese círculo vicioso y estoy aquí para darte esperanzas en cuanto a que es posible vencerlo. Tan solo escribir esta oración me produce escalofríos. Hace unos pocos años yo me preguntaba si eso sería posible para mí.

Como lo mencioné en un capítulo anterior, el plan de alimentación que escogí para mí era un plan balanceado, con cero azúcar, carbohidratos saludables y proteínas. Lo que no suena tan mal hasta que uno comprende que el azúcar está prácticamente en todo lo que a uno le gusta comer. Panes, pasta, papas, arroz... ¡y eso sin hablar de la pastelería!

Así que, sentada en aquella cena especial, durante mis vacaciones especiales, empecé a sentir lástima de mí misma y estas palabras se colaron en mi cerebro: «¡No es justo!».

En ese instante me retorcía en mi silla, pensando: *Solo comeré un pedacito... o tal vez dos... Me he portado muy bien... Hasta hice ejercicio por la mañana... Estoy de vacaciones... Todo el mundo se da un gusto... ¡Cielos, ¿Lysa, qué estas haciendo?!*

El azúcar era como la sirena de las historias mitológicas, que atraían a los barcos a las ensenadas llenas de riscos, donde inevitablemente serían destruidos. La seducción era suave y en apariencia, inocente.

Pero en el momento de la tentación yo entendí que sentir lástima de mí misma era un indicio de que estaba dependiendo de mi propia fuerza, una fuerza que me ha fallado antes y me volvería a fallar.

Tenía que asirme de la fortaleza de Dios y la única manera de hacerlo era invitarlo para que su poder se hiciera cargo de esta situación. En este caso le di al Señor el control de la situación al recitar mentalmente el guión del que hablé en el capítulo anterior: «Fui hecha para más. Fui hecha para la victoria».

Recordé pasajes de las Escrituras a los que he vinculado con este guión, y que he almacenado en mi corazón. «Soy más que vencedora». «Todo es posible para Dios». «Que la paz de Dios reine en sus corazones». «No nos metas en tentación sino *líbranos* del mal...».

> *Nuestra mente cree la mentira de Satanás sobre que no es justo que se nos nieguen las cosas.*

El problema es que Satanás me golpeó, al dar un giro que me volvió vulnerable y vacilante por un instante. «Pero este es un momento especial, Lysa. Y los momentos especiales merecen una excepción a los parámetros normales. No es justo que tengas que sacrificarte. Mira a tu alrededor. Nadie más se está sacrificando ahora».

Pobrecita de mí. Esto no es justo. Hace tanto que vivo en medio de esta lucha. Este es un momento especial. Podría ceder solo por esta vez. Todo el mundo lo hace.

Es precisamente en ese momento que la persona que hace dieta y está de vacaciones, se deja tentar. Que la chica virgen se acuesta con su pareja luego del baile de graduación. Que la chica con un plan para reducir sus deudas saca otra vez la tarjeta de crédito porque encuentra algo muy rebajado. Que la alcohólica se pierde la reunión de Alcohólicos Anónimos y va a un bar a celebrar el cumpleaños número cuarenta de su amiga. Quizá sepan que fueron hechas para más, pero de alguna manera Satanás disipa esta verdad al hacerles racionalizar: «Los momentos especiales ameritan excepciones especiales y todo lo demás, simplemente no es justo».

Necesito un guión al que acudir en situaciones así. De modo que incliné la cabeza y oré: «Dios, se me acaban las fuerzas. Este es el momento en que tengo que sentir que tu fuerza interviene. La Biblia dice que tu poder se perfecciona en mi debilidad. Este sería un momento de veras apropiado para que esa verdad se volviera realidad en mí. Ayúdame a ver algo más aparte de esta tentación que se presenta tan grande ante a mí que me parece imposible de evadir».

Entendí que sentir lástima de mí misma era un indicio de que estaba dependiendo de mis propias fuerzas y no de las de Dios.

De pronto un recuerdo recorrió la pantalla de mi mente. En él, yo estaba sentada en la terraza con mi hijo adolescente y su novia, y manteníamos una conversación muy sincera y profundamente dolorosa. Se habían metido en una situación difícil y habían dejado que las cosas llegaran demasiado lejos físicamente. Aunque no habían cruzado todos los límites, habían ido lo suficientemente lejos como para asustarse. Mi consejo a ellos fue que pensaran más allá del momento. Que dijeran en voz alta: «En este momento me siento muy bien, pero ¿cómo me sentiré cuando amanezca?».

Eso era. Sentí que las palabras y las expectativas que había colocado sobre mi hijo constituían un desafío para mí, ya que no me había dado cuenta antes de que ese mismo consejo podía resultar igualmente poderoso si se aplicaba al aspecto con el cual yo luchaba. Allí tenía mi próximo guión, al cual podía acudir. Y mientras lo recitaba, el poder de Dios llenó el vacío de mi debilidad.

Pronto llegó el momento de levantarnos de la mesa. Empujé mi silla, dejé el postre sin tocar y regresé a nuestra habitación. Nunca antes en mi vida me sentí con tantas fuerzas. Después busqué ese versículo que señala que la fortaleza de Dios es el complemento perfecto para mi debilidad:

…pero él [Jesús] me dijo: «Te basta con mi gracia, pues mi poder se perfecciona en la debilidad.» Por lo tanto, gustosamente haré más bien alarde de mis debilidades, para que permanezca sobre mí el poder de Cristo. Por eso me regocijo en debilidades, insultos, privaciones, persecuciones y dificultades que sufro por Cristo; porque cuando soy débil, entonces soy fuerte (2 Corintios 12:9 – 10).

El poder de Dios se perfecciona en la debilidad. Esto conmueve mi corazón. Ser débil es difícil, pero debilidad no implica derrota. Constituye una oportunidad para experimentar el poder de Dios de primera mano. Si le hubiera dicho que sí a un pedacito aquella primera noche de nuestras vacaciones, se hubieran producido más concesiones. Una concesión tras otra es igual a fracaso.

> *Ser débil es difícil, pero debilidad no implica derrota. Constituye una oportunidad para experimentar el poder de Dios de primera mano.*

En cambio, el resistir la tentación permitió que sobre mi corazón se edificara una promesa tras otra y eso produjo poder. Ese es el poder de Dios que obra a través de mi debilidad. Yo sabía que un día tendría el poder suficiente como para comer dos pedacitos y seguir adelante, pero ese día no había llegado todavía.

Yo no sé con lo que estarás luchando tú hoy, pero puedo asegurarte que Dios es bueno y justo. Existe un buen motivo por el que debemos enfrentar nuestras tentaciones. La lucha por decir que no puede resultar dolorosa en un momento, pero produce algo grandioso dentro de nosotros.

Durante mucho tiempo yo consideré aquella lucha con mi peso como una maldición. La idea de que algo no fuera justo no apareció solo cuando estaba de vacaciones. También se me suele ocurrir cuando veo a mi amiga, que usa talla dos, comerse puñados de papas fritas y de galletas de chocolate mientras yo como una ensalada más. ¿Puede ser justo eso?

¿Alguna vez te has sentido así? No estamos solas. Escucha lo que dijeron algunas de las amigas de mi blog cuando les pregunté sobre el tema de las cosas que «no son justas»:

> Yo tengo una hermana delgada que puede bajar de peso como nada, y lo hace. Eso siempre me ha desconcertado. Me pregunto si a su ADN fue a parar toda la fuerza de voluntad y alto metabolismo de la familia. Es muy duro ser la más gorda del grupo familiar. — *Jessica*

> Muchas veces les he dicho eso mismo a mis amigas. ¿Por qué yo lucho con esto? ¿Por qué mi lucha no puede ser otra? ¡Cuánto le he pedido a Dios que me quite este aguijón! Sin embargo, sigue ahí y yo sigo aquí, luchando. — *Lindsey*

> ¡Gracias por reconocer esta lucha tan real! Tienes razón, hay cosas mucho peores en este mundo. Pero esto *sigue siendo* realmente difícil para algunas (como yo). Hasta me he puesto celosa de las luchas menos visibles de otras personas. He deseado que en lugar de estar atrapada por la comida, lo estuviera por los cigarrillos o el alcohol. ¿*Qué*? ¡...! Sé que eso es ridículo, pero en mis momentos más débiles, tristes y frustrantes, he creído la mentira de que a todos los demás, incluso a las personas que luchan con cosas realmente difíciles, les va mejor que a mí. — *Mary*

Pero ¿qué si esta batalla con la comida no es la maldición que siempre hemos creído? ¿Y si en realidad el mismo problema, cuando queda bajo control, nos lleva a una mejor comprensión de Dios? ¿Y si en realidad pudiéramos llegar al punto en que le diéramos gracias a Dios por permitirnos enfrentar esta batalla, y por los tesoros que hemos descubierto en el campo de batalla?

Mi amiga E. Titus resume lo que yo también estoy descubriendo:

> Cuando me enredo en pensamientos sobre lo injusto que es que mi amiga sea delgada y no tenga que luchar con esto, que ella pueda comer lo que quiera y cuando quiera, y siento que me molesta no poder ser como ella, me recuerdo a mí misma que Dios no me hizo para ser ella. Consideremos que él sabía, incluso antes de que yo naciera, que fácilmente yo podía permitir que la comida se convirtiera en un ídolo en mi vida y que yo acudiría a la comida y no a él para satisfacer mis necesidades. Y en su gran sabiduría, él creó mi cuerpo de manera que experimentara las consecuencias de semejante elección para que de manera continua yo regresara a sus brazos. Él quiere que yo vaya a él para encontrar satisfacción, salud emocional y consuelo. Si yo pudiera acudir a la comida en busca de eso, sin nunca aumentar un gramo, ¿entonces para qué necesitaría a Dios?

Hay mucha sabiduría en la perspectiva de mi amiga. En lugar de dejar que su cerebro se estanque en un punto en el que ella a cada momento se sienta en lucha con la comida y el peso, ha escogido una perspectiva mucho más saludable.

¿Qué si esta batalla con la comida no es la maldición que siempre hemos creído?

La realidad es que todos tenemos cosas en nuestras vidas que debemos aprender a rendir, a sacrificar, a las que renunciar, de las que alejarnos. Vuelvo al ejemplo de mis vacaciones. Sí, mi esposo podría comer todos los postres que quisiera, pero hay otros aspectos en los que tiene que aprender a depender de Dios.

Piensa en la chica delgada a la que has visto comer lo que quisiera mientras tú pensabas que eso era injusto. Tal vez ella no luche con su peso, pero créeme, tiene sus propias luchas. Un comentario anónimo en mi blog atestigua de manera significativa esa realidad:

> Yo soy una de esas chicas delgadas; pero no hay que confundir delgada con saludable. Yo lucho contra la depresión y la inanición; lucho con problemas de autoestima a consecuencia de años de abusos verbales. La lista parece interminable. La delgadez es

solo una imagen. Pero ser delgada no hace que una persona sea más feliz, fiel o alegre. Las luchas son las mismas (o al menos similares), solo que el paquete tiene un tamaño diferente.

La vida como seguidora de Cristo siempre constituirá un proceso de aprendizaje en cuanto a depender menos de nuestras propias fuerzas y más del poder de Dios. Santiago les enseña a los creyentes que «la prueba de su fe produce constancia. Y la constancia debe llevar a feliz término la obra, para que sean perfectos e íntegros, sin que les falte nada» (Santiago 1:3-4).

Queridas hermanas, esta verdad debe constituir el clamor de nuestras almas y no la mentira de Satanás sobre que algo «no es justo». Nuestras papilas gustativas hacen reclamos vacíos en busca de satisfacción, pero solo el perseverar en Dios puede hacernos perfectas e íntegras, sin que nos falte nada.

Sigan adelante, hermanas. Sigan adelante.

Preguntas para reflexionar

1. Recuerda la última ocasión especial o celebración a la que asististe. ¿Qué comida había que tú sabías que probablemente no fuera una buena opción para ti? Si la comiste, ¿qué porcentaje de tu decisión se debió a que dijiste que era una situación especial y merecía una excepción? Si la pasaste por alto, ¿de todos modos te molestó tu elección porque la situación no te parecía justa?

2. «A la tentación no le gusta pasar hambre» (página 95). ¿Has experimentado lo que es hacerle pasar hambre a la tentación en cualquier aspecto de tu vida? ¿Qué sucedió? ¿Cómo te hizo sentir? Por ejemplo, ¿te sentiste tranquila y con poder, o experimentaste una lucha en tu corazón?

3. Lysa dice que ella reconoce que sentir lástima de uno mismo es indicio de que se está dependiendo de la propia fortaleza y no de la

fuerza de Dios. ¿Qué indicios te muestran que estás dependiendo de tu propia fortaleza en tu lucha con la comida?

4. ¿Alguna vez te ha parecido que los problemas con la comida y el peso fueran una maldición injusta de parte de Dios sobre ti y has deseado que tu lucha fuera con otra cosa y no con la comida? ¿En qué sentido tu lucha podría resultarte beneficiosa e incluso una bendición?

5. Al enfrentar un momento de indecisión con respecto a la comida, Lysa recomienda pensar más allá de la situación presente y decir: «En este momento me siento muy bien, pero ¿cómo me sentiré cuando amanezca?». Al pensar en la última vez que comiste algo que luego lamentaste, ¿crees que hacerte esta pregunta hubiera cambiado tu decisión? ¿Por qué o por qué no?

6. «Una concesión tras otra es igual a fracaso...una promesa tras otra es igual a poder» (página 97). Algunas decisiones con respecto a la comida pueden parecer intrascendentes en el momento, pero hasta las decisiones más pequeñas pueden tener un gran impacto con el tiempo. ¿Hacia dónde se dirigen tus pequeñas decisiones con respecto a la comida, hacia el fracaso o hacia el poder?

7. «La lucha por decir que no puede resultar dolorosa en un momento, pero produce algo grandioso dentro de nosotros» (página 97). ¿Qué es lo grandioso que esperas que Dios haga en ti por medio de tus luchas por decir que no?

11

Un día terrible, espantoso, pésimo y para nada bueno

«Simplemente no tengo lo que se necesita para seguir adelante con esto de comer en forma saludable», dijo Amy completamente exhausta. Su vida estaba fuera de control en todos los aspectos: problemas financieros, un matrimonio estresante, familiares con dificultades, y mucho más. Ya que no podía controlar muchas cosas en su vida, Amy sentía que no podía seguir limitándose en lo que comía. La comida era su droga favorita.

Cuando las cuentas crecían y el dinero escaseaba, el helado de su congelador resolvía el problema.

Cuando los problemas matrimoniales abrumaban sus emociones y los conflictos parecían no tener fin, recurría a los caramelos que habían quedado de una fiesta y los comía a puñados.

Cuando llegaba otro informe negativo sobre el cáncer de su papá, las papas fritas y un batido de chocolate aplacaban sus nervios crispados.

Cuando su casa se veía hecha un desastre, llena de polvo y caótica, se escapaba hasta una cafetería cercana y pedía un café moca triple con bastante crema, que le hacía sentir que la vida era tranquila y dulce.

Cuando su hijo, que tenía problemas en la escuela, llegó a casa con malas calificaciones, ella decidió que era un día excelente para ir al restaurante mexicano que estaba cerca de la casa y perderse ambos dentro de un enorme bol de tortillas y salsa.

Cuarenta y siete libras después, se sentó en el piso del baño. «¿Qué me estoy haciendo a mí misma?», lloraba. Se había puesto el mundo sobre los hombros y ahora todo parecía agravarse por el peso que había añadido a su cuerpo.

Las lágrimas corrían por sus mejillas mientras se subía a la cama y miraba la foto que había sobre la mesa de noche. Ahí estaba ella, con casi cincuenta libras menos, sonriendo y abrazando a su esposo. ¿Adónde había ido a parar esa chica feliz? ¿Dónde estaba esa pareja feliz? ¿Cuándo había sido la última vez que se habían tocado siquiera?

Sintió un nudo en el estómago a causa de la inseguridad al solo pensar que su esposo pudiera verla ahora. Más lágrimas. Más desesperación. Más desesperanza. Lo único que quería en ese momento era la bolsa de galletas de queso y la otra mitad de la caja de galletas Oreo que había quedado en la alacena.

¿Galletas de queso? ¿Galletas Oreo? Mi vida se está desmoronando, mi cuerpo se expande con cada minuto que corre, ¿y en lo único que yo puedo pensar ahora es en galletas de queso y en galletas Oreo? Un día terrible, espantoso, pésimo, para nada bueno. Ahora mismo sería un buen momento para que la tierra se abriera y me tragara. O para que Jesús regresara. Y hablando de Jesús, yo debo ser una decepción total para él.

> ¿Acaso no es típico de Satanás hacernos pensar que tenemos algo que nos consuela, que nos llena, que nos satisface, para que luego nos persigan las consecuencias de ese consuelo?

Amy sintió que una oscura depresión la cubría como una manta pesada. Una frazada tan lóbrega y oscura que pensó que podía estrangularle la vida.

¿Te ha pasado alguna vez? A mí sí. ¿Acaso no es típico de Satanás hacernos pensar que tenemos algo que nos consuela, que nos llena, que nos satisface, para que luego nos persigan las consecuencias de ese consuelo?

Encontrarle la vuelta a la comida en los momentos difíciles

En el capítulo anterior hablamos de sentirnos tentadas en momentos de celebración, pero yo creo que vale la pena hablar acerca de sentirnos tentadas a comer demasiado, y también a tomar malas decisiones, durante tiempos de lucha, en esos momentos en los que no tenemos la fuerza para negarnos a nosotras mismas los alimentos no saludables. La vida ya nos niega tanto. ¡Cielos, todo lo que uno quiere parece fuera del alcance!... pero aquellas galletas están ahí mismo. Y tú las quieres. Y van a saber bien. Y nadie tiene derecho a decir que no te las puedes comer. Así que, ¡ya está!

Resulta obvio que he pasado por esto una o dos veces… o veintisiete. Pero me encanta lo que dice mi amiga Ruth Graham acerca de rondar por la misma montaña demasiadas veces.

> Podemos hacernos las víctimas y convertirnos en víctimas, o podemos ser las víctimas y sobreponernos. A menudo es más fácil hacerse la víctima que quitarse la máscara y pedir ayuda. Nos acomodamos a nuestro estatus de víctimas. Eso se convierte en nuestra identidad y nos resulta difícil renunciar a ella. Los israelitas a menudo asumieron el papel de víctimas y me encanta lo que por fin Dios les dijo: «Dejen ya de andar rondando por estas montañas, y diríjanse al norte» (Deuteronomio 2:3).
>
> ¡Diríjanse al norte! ¡Llegó la hora de seguir adelante! La autocompasión, el temor, el orgullo y el negativismo nos paralizan. Se necesita valor para quitarnos las máscaras, pero si no lo hacemos, seguiremos siendo víctimas y acabaremos atrofiados.[6]

En nuestro caso, el sobrepeso y la falta de salud aumentan aun más la sensación de ser víctimas de nuestras circunstancias. Entonces, ¿qué hacer cuando no tenemos ni energías, ni fortaleza de ánimo, ni deseos de comer alimentos saludables?

Es importante que abordemos este asunto porque si hay algo que aprendí en la vida es que estará salpicada de momentos difíciles. Así que tenemos que buscar un plan para manejar esos momentos de manera razonable. Tenemos que buscar un plan que nos permita negarnos a ir hacia el sur en nuestro plan de alimentación saludable y mantener nuestras brújulas enfocadas hacia el norte. Me encanta la orden de Dios de «dirigirse al norte» y dejar de andar rondando por la montaña. Y, como dice Ruth, una parte importante de ir hacia el norte es quitarnos las máscaras y pedir ayuda.

Para mí eso comienza por quitarme la máscara delante del Señor y pedirle que me ayude a encontrar satisfacción en mi relación con él. A veces esto es difícil. Quitarme la máscara significa que tengo que reconocer que hay un problema y en verdad no quiero hacerlo. Es muy probable que reconocer que tengo un probable implique que deba hacer, cambios y los cambios son difíciles. La comida produce una sensación de bienestar tan inmediata y tangible. Es mucho más fácil ingeniárselas para obtener un beneficio a corto plazo, como una galletita, que lograr un corazón pleno y satisfecho con Dios. Puedo ir hasta la tienda y llenarme los brazos de cualquier tipo de galletas que quiera. Pero la idea de «llenarme» de Dios en uno de esos días en que me siento vacía no parece tan tangible ni inmediata.

Sé que debo orar. Pero voy a ser sincera otra vez y reconocer que estoy harta de las oraciones falsas, de plástico, cuando tengo problemas. Esas oraciones de rutina que he repetido miles de veces no logran nada cuando aquellos alimentos no saludables me llaman a los gritos desde la alacena y mi determinación se comienza a diluir. Yo he llegado a orar, mientras me atiborro de comida: «Dios gracias por esta comida. Haz que sea buena para mi cuerpo y por favor cambia la estructura molecular de estas galletas de queso para que sea como la de las zanahorias».

Dejen ya de andar rondando por estas montañas, y diríjanse al norte.

Dado que no considero que eso sea una señal de que me estoy desenmascarando, de que sea sincera delante de Dios y de que me dirija hacia el norte, necesito tener otra estrategia de oración. Debo encontrar una manera de sentirme llena y satisfecha con el amor de Dios. Y unos años atrás encontré exactamente lo que necesitaba: oraciones en las que no necesito hablar para nada.

Oraciones en las que no hablo en lo absoluto

Había estado pasando por algunos de esos días terribles, espantosos, pésimos, y para nada buenos, y llegué al punto de no saber cómo orar. Tenía el hábito de hacer oraciones en base a las circunstancias, y en ellas enumeraba delante de Dios todos mis problemas y le pedía que por favor los solucionara. Hasta le hacía sugerencias en cuanto a las soluciones, en caso de que mi opinión pudiera ser útil. Pero nada cambiaba. Con excepción del crecimiento de mi cintura y la cantidad de chocolate que, de repente, necesitaba yo para vivir.

Un día en que estaba enfurruñada, me senté a orar y no me salía ninguna palabra en lo absoluto. Ninguna. Me senté allí, con la mente en blanco. No tenía sugerencias. No tenía soluciones. No tenía más nada que lágrimas silenciosas y mi labio superior embadurnado de chocolate. Por fin Dios se abrió paso hacia mi corazón exhausto. Una idea cruzó con rapidez por mi mente y me tomó por sorpresa: *Yo sé que tú quieres que cambie tus circunstancias, Lysa. Pero ahora mismo quiero enfocarme en cambiarte a ti. Ni siquiera las circunstancias más perfectas te van a satisfacer tanto como dejar que yo cambie tu manera de pensar.*

No necesariamente me gustó lo que escuché durante esta primera vez en que estaba sentada en silencio con el Señor, pero al menos sentí que me relacionaba con Dios. Hacía mucho tiempo que no experimentaba eso. Y como quería mantener la relación, comencé a desarrollar el hábito de sentarme en silencio delante del Señor.

A veces lloraba. A veces me sentaba en una mala actitud. A veces tenía el corazón tan cargado que no estaba segura de que podría aguantar mucho más. Pero mientras me quedaba así, imaginaba que Dios estaba allí sentado conmigo. Él ya estaba ahí, y con el tiempo lo percibí. Experimenté lo que el apóstol Pablo señalaba cuando escribió: «Así mismo, en nuestra debilidad el Espíritu acude a ayudarnos. No sabemos qué pedir, pero el Espíritu mismo intercede por nosotros con gemidos que no pueden expresarse con palabras» (Romanos 8:26).

Al estar allí en silencio, el Espíritu intercedía a mi favor con oraciones perfectas. Yo no tenía que descubrir qué orar ni cómo hacerlo en lo referido a una determinada situación que me parecía agotadora. Solo precisaba sentarme en silencio con el Señor. Y durante esos momentos allí sentada, comencé a discernir los cambios necesarios para hacer frente a mis circunstancias, ninguno de los cuales incluía el usar la comida a manera de consuelo.

Creo que muchas de nosotras tratamos de satisfacernos a través de cosas o de personas. En *Más que apariencias* hablé sobre la manera en que anduve durante años con una pequeña taza en forma de corazón en mis manos, extendiéndola hacia las personas y cosas para tratar de encontrar un sentido de realización. Algunas de nosotras le extendemos a la comida una taza en forma de corazón. Otras exigimos que los esposos nos amen de una manera que allane nuestros defectos y calme nuestras inseguridades. A veces esperamos que nuestros hijos tengan éxito para sentirnos bien nosotras y que así nuestra valía sea respaldada por sus logros. O gastamos más allá de nuestro presupuesto para comprar ropa que deseamos tener.

Sea lo que fuere, si realmente vamos a dejar de rondar por la montaña y dirigirnos hacia el norte en pos de lograr cambios duraderos, tenemos que quitar de adentro de nosotros la mentira de que otras personas o cosas pueden llenar nuestros corazones al máximo. Entonces debemos llenarnos de la verdad de Dios de una manera deliberada e intencional, y pararnos seguras sobre su amor.

Cuanto más me lleno de las verdades referidas al amor de Dios, menos ando por allí sacando esa pequeña taza en forma de corazón. Tengo que reemplazar en mi mente las mentiras, utilizando algunos de mis versículos favoritos para recordar cuánto me llena el amor de Dios. Estos son algunos ejemplos de cómo lo hago:

Vieja mentira: Necesito esas galletas Oreo. Me llenan con su chocolate, y saben muy bien.

Nueva verdad: La idea de que esas galletas Oreo me vayan a llenar es una mentira. Solo tendrán buen sabor durante los pocos minutos que me lleve comerlas. Luego el sentimiento de culpa volverá a aflorar a la superficie tan pronto como se disipe la euforia del chocolate. ¿En este momento quiero porque necesito alimentarme o porque me siento vacía emocional o espiritualmente? Si en verdad necesito merendar ahora, puedo escoger una opción más saludable.

Versículo favorito: «Y pido que, arraigados y cimentados en amor, puedan comprender, junto con todos los santos, cuán ancho y largo, alto y profundo es el amor de Cristo; en fin, que conozcan ese amor que sobrepasa nuestro conocimiento, para que sean llenos de la plenitud de Dios» (Efesios 3:17-19).

Vieja mentira: Soy un tremendo fracaso en esto de comer saludable. ¿Por qué sacrificar la gratificación inmediata ahora que sé que al final regresaré a mis viejos hábitos de todos modos?

Nueva verdad: No soy un fracaso. Soy una hija de Dios tremendamente amada. Parte de mi derecho como hija de Dios es funcionar con un poder que va más allá de mí misma. El Espíritu Santo es el regalo que Dios me ha dado para que pueda usar el dominio propio que se me ha concedido.

Versículo favorito: «¡Fíjense qué gran amor nos ha dado el Padre, que se nos llame hijos de Dios! ¡Y lo somos!» (1 Juan 3:1).

Vieja mentira: Dios parece estar muy lejos y las papas fritas están justo a la vuelta de la esquina.

Nueva verdad: Las papas fritas no me quieren. Y lo único duradero que puedo obtener de ellas es el colesterol y la celulitis que inevitablemente dejan tras sí, lo que solo agravará mi frustración. El amor de Dios está aquí en este momento y en muchos otros que vendrán. Su amor es verdadero y solo deja en nosotros vestigios positivos.

Versículo favorito: "Pero el amor del Señor es eterno y siempre está con los que le temen» (Salmos 103:17).

Esto es solo un comienzo que nos servirá para reemplazar las mentiras y las racionalizaciones por las verdades del amor de Dios. Te animo a que escribas algunas de las viejas mentiras y de las nuevas verdades por tu cuenta. El proceso de arrancar las viejas mentiras es difícil y puede producir sensaciones dolorosas. Por eso resulta tan crucial contar con verdades que puedan reemplazarlos.

Cuando publiqué una pequeña parte de estos pensamientos en mi blog, recibí respuestas muy crudas y sinceras, pero la que incluyo a continuación tocó mi corazón de manera especial porque Kim puede apreciar los beneficios de reemplazar las viejas mentiras por verdades.

Lo que escribiste hoy fue claramente de parte de Dios para mí. He vivido los últimos 28 de mis cuarenta años tratando de que alguien me llenara, me amase, me necesitara, me hiciese digna. Y todo como un esfuerzo por compensar el abuso mental, emocional y físico, completado luego por el abandono de mi padre, de mi hermano y de todo el lado paterno de mi familia.

¿Comida? Cariño, déjame decirte que 350 libras después (159 kg) por fin estoy empezando a entender que la comida no es un sustituto al amor de Dios. Casi me ha destruido. Mi matrimonio es un caos; nos separamos el pasado viernes. Nuestra hija de cinco años está estresada, tiene problemas de comportamiento; cualquier cosa que se te ocurra, ella la está haciendo.

Esta *no* es la vida que yo quiero. Esta *no* es la vida que pienso seguir llevando. Si alguna vez Dios me ha hablado, ha sido hoy; lo que escribiste llegó al corazón del asunto. Gracias por ser fiel. Gracias, Dios todopoderoso, por amarme. Acabo de dar un paso hacia un futuro con verdadera esperanza, una esperanza que Dios hace realidad.

Espero que todas emprendamos junto con Kim este recorrido de reemplazar mentiras, abrazar la verdad y aprender que la comida nunca tuvo la intención de satisfacer los espacios más profundos de nuestro corazón, que solo están reservados para Dios. Ni en los días buenos. Ni en los días malos. Ni siquiera en los días terribles, espantosos, pésimos, y para nada buenos. Dios dice: «Mira que delante de ti he dejado abierta una puerta que nadie puede cerrar» (Apocalipsis 3:8). Que pasemos por esa puerta, rumbo al norte, y nunca miremos atrás.

> *Las papas fritas no me quieren. Y lo único duradero que puedo obtener de ellas es el colesterol y la celulitis que inevitablemente dejan tras sí.*

Preguntas para reflexionar

1. Recuerda alguna experiencia reciente que te haya resultado estresante y te haya tentado a comer demasiado o a tomar malas decisiones en cuanto a la comida. ¿Qué sentimientos específicos te provocó la experiencia (por ejemplo, enojo, vergüenza, tensión, tristeza, ansiedad, dolor)? Ya sea que hayas resistido o cedido a la tentación, ¿cuál fue el efecto que esto produjo en tus emociones?

2. Cuando tienes problemas o pasas por etapas difíciles en la vida, ¿eres más dada a ponerte una máscara y hacer como que todo está bien o te quitas la máscara y pides ayuda? ¿De qué manera ha afectado esta tendencia tu capacidad de resistir la tentación referida a la comida en tales ocasiones?

3. Descubrir cómo orar sin palabras ayudó a Lysa a sentir que se relacionaba con Dios, algo que no había sentido durante mucho tiempo (página 106). ¿Alguna vez has orado así, solo pasando tiempo con Dios en silencio y dejando que el Espíritu Santo intercediera por ti (Romanos 8:26)? ¿Esta idea te intriga o te asusta?

4. Lysa demuestra la forma en que ella reemplaza las viejas mentiras sobre la comida por nuevas verdades sobre el amor de Dios (página 108). En el transcurso de un día cualquiera, ¿qué viejas mentiras sobre la comida te hacen difícil resistir la tentación? ¿Los tiempos difíciles hacen que estas mentiras sean más difíciles de resistir? A partir de lo que la Biblia enseña sobre el amor de Dios en Efesios 3:17–19, 1 Juan 3:1 y Salmos 103:17, ¿qué nuevas verdades podrías usar para reemplazar tus viejas mentiras?

5. «Mira que delante de ti he dejado abierta una puerta que nadie puede cerrar» (Apocalipsis 3:8). Si Dios te dijera estas palabras a ti directamente con respecto a tu lucha con la comida, ¿qué esperanza verías y experimentarías del otro lado de la puerta?

La maldición de los pantalones vaqueros estrechos

En el capítulo anterior hablamos de aferrarnos a nuestro plan de comer saludable en los momentos en que los días malos tratan de desequilibrarnos. Una vez que llegué al peso deseado, pensé que nunca más tendría aquellos días descompaginados. O sea, en realidad, ¿qué podría angustiarme si mis pantalones vaqueros estrechos (los que pensé que nunca más me pondría) me servían de nuevo?

¡Qué equivocada estaba!

Debí haber estado en una semana de regocijo total. Había llegado a una meta importante en mi recorrido de comer en forma saludable, había alcanzado resultados. Resultados tangibles, maravillosos. Resultados que nunca pensé que vería. Los pantalones vaqueros estrechos me entraban. No solo pude ponérmelos y abrocharlos, ¡hasta podía respirar! Oh, sí, señora, podía respirar, moverme e incluso sentarme sin temor a que las costuras se abrieran.

¿Alguna vez has experimentado este tipo de locura? Como hace la mayoría de las mujeres, yo había guardado esos pantalones vaqueros en mi closet. Habían sobrevivido a muchas, muchas limpiezas en mi closet. Todos los demás pantalones de otra talla que hacía mucho tiempo que no usaba terminaron en una bolsa y donados a una organización sin fines de lucro. Pero estos pantalones en particular quedaron como el símbolo de una promesa que me había hecho a mí misma de bajar otra vez de peso.

De vez en cuando sacaba los pantalones, cruzaba todos los dedos posibles (de pies y manos), e intentaba desafiar las probabilidades al ponérmelos. Tiraba con fuerza y me acostaba en el suelo para tratar de estirar el jean que debía haberse encogido en la secadora. Mi cabeza sabía que no era un problema de lavado, pero mi corazón no lo quería reconocer. Al negarme a hacer cambios en mi manera nada saludable de comer, la posibilidad de que alguna vez volviera a ponerme esos pantalones no era más que un profundo deseo.

Hasta ahora.

Cuando me puse los pantalones y los abroché con facilidad, no pude evitar sonreír. Bailé en mi habitación con las manos en el aire. ¡Victoria, victoria, victoria! Me parecía que podía enfrentar al mundo. Hasta que, solo unas horas después, mi mundo me hizo llorar.

Un correo electrónico hiriente. Una actitud irrespetuosa de parte de uno de mis hijos. Una cita a la que falté. Un sentimiento de condenación por irresponsabilidad. Una casa desarreglada. Una situación estresante en el trabajo. Una cuenta que no esperaba. Una cena que mi familia prácticamente dejó sin tocar. Una araña en mi bañadera.

Resultó que me mostré irascible con mi familia, molesta con la persona que mandó el correo electrónico, con los nervios de punta por el desorden y el estrés, frustrada por la cuenta, y enojada porque a nadie le gustó mi cena. Así que, cuando encontré una araña en mi único lugar de relajación, mis emociones se desataron y crisparon.

¿Cómo podía sentirme así? ¡Tenía puestos mis vaqueros estrechos, por todos los cielos! Y yo siempre había pensado: *Si tan solo pudiera ponerme esos pantalones vaqueros, todo mi mundo sería perfecto y siempre estaría sonriendo.*

Sin embargo, solo unas horas después, allí estaba yo, crispada por los mismos desórdenes que solía pensar que no me molestarían si tan solo fuera más delgada. Esa es la maldición de los pantalones vaqueros estrechos. Mi felicidad no se relaciona con el tamaño de mi cuerpo. Si me faltaba la felicidad siendo más gruesa, me seguiría faltando cuando fuera más delgada.

Relacionar la felicidad con cosas equivocadas

Relacionar la felicidad con las cosas equivocadas fue lo que, en parte, provocó que subiera de peso en primer lugar. Había muchísimas experiencias de las que yo disfrutaba principalmente porque se relacionaban con la comida. El cine estaba ligado a las palomitas de maíz. Una fiesta de cumpleaños estaba ligada al pastel. Un juego de béisbol estaba relacionado con los perros calientes. Las fiestas de la escuela tenían que ver con las galletitas. Una reunión por la mañana guardaba relación con un café gourmet. Cargar combustible estaba ligado a una merienda de galletas y refresco. Ver televisión se relacionaba con las papitas. Un paseo en el verano iba junto con un helado. Un paseo en invierno iba con un chocolate caliente.

Ligar la felicidad con la comida, los pantalones vaqueros estrechos o alguna otra cosa me condicionaba al fracaso. Sin hablar de que una vez que logro ponerme esos pantalones el temor de volver a subir de peso arruina mi euforia.

Y yo no soy la única que conoce la maldición de los pantalones vaqueros estrechos. Una vez leí un comentario interesante de Oprah sobre el tema. Y aunque Oprah y yo no estamos de acuerdo en algunas cosas, sí coincidimos en que ligar nuestra felicidad a cosas equivocadas siempre nos condiciona al fracaso. Ella dijo: «Crecí creyendo que la gente con dinero no tenía problemas. O al menos, ningún problema que el dinero no pudiera resolver. Entonces, en 1986, mi programa salió al aire en televisión a través de todo el país. Eso cambió la trayectoria de mi

> *Ligar la felicidad a la comida, los pantalones vaqueros estrechos o alguna otra cosa me condicionaba al fracaso.*

vida. En 1992 gané otro premio Emmy por la mejor presentadora de programas de entrevistas». Ella cuenta que había orado por no ganar, porque en esa época su peso le causaba mucha vergüenza. «Y 237 libras (107,6 kg) era lo máximo que yo había pesado jamás. Tenía diarios personales llenos de oraciones a Dios para que me ayudara a conquistar al demonio de mi peso».[7]

Oprah tenía todo lo que había pensado que la haría feliz. Dinero. Fama. Reconocimiento. Éxito más allá de lo que pudiéramos soñar. Y en un momento, gracias a una dieta loca de líquidos, bajó a 145 libras

(65,8 kg) y usó pantalones vaqueros estrechos. Recuerdo que en esa época yo era una adolescente que no le quitaba mi mirada al programa de aquel día en que la Oprah más delgada que yo hubiera visto jamás reveló su nuevo cuerpo.

Pero nada de eso le produjo felicidad duradera. Puede haberle provocado momentos de emoción temporal, pero en casa la aguardaban aquellos diarios llenos de oraciones pidiéndole a Dios que la ayudara. Incluso el día en que se puso aquellos pantalones vaqueros estrechos.

Permanece

Puedo identificarme totalmente con ella. Tengo que aprender a vincular mi felicidad con la única estabilidad eterna que existe y quedarme allí. Cuántas oraciones he hecho una y otra vez para que Dios me ayudara, me estabilizara, y relacionara mi felicidad solo con él. Eso se llama aprender a permanecer. Isaías 55:8–12 ilustra de una manera bella y exacta lo que quiero decir:

> Porque mis pensamientos no son los de ustedes,
> ni sus caminos son los míos —afirma el SEÑOR—.
> Mis caminos y mis pensamientos
> son más altos que los de ustedes;
> ¡más altos que los cielos sobre la tierra!
> Así como la lluvia y la nieve
> descienden del cielo,
> y no vuelven allá sin regar antes la tierra
> y hacerla fecundar y germinar
> para que dé semilla al que siembra
> y pan al que come,
> así es también la palabra que sale de mi boca:
> No volverá a mí vacía,
> sino que hará lo que yo deseo
> y cumplirá con mis propósitos.
> Ustedes saldrán con alegría
> y serán guiados en paz.

¿Captaron lo gratificantes que son las palabras de Dios? Se comparan con el agua que hace que la tierra fecunde y germine. Es por eso que resulta tan importante aplicar las palabras de Jesús en Juan 15 si vamos a tener gozo duradero, sea que llevemos puestos nuestros pantalones vaqueros estrechos o no.

Así lo describe Jesús:

> Así como el Padre me ha amado a mí, también yo los he amado a ustedes. Permanezcan en mi amor. Si obedecen mis mandamientos, permanecerán en mi amor, así como yo he obedecido los mandamientos de mi Padre y permanezco en su amor. Les he dicho esto para que tengan mi alegría y así su alegría sea completa. Y éste es mi mandamiento: que se amen los unos a los otros, como yo los he amado. (Juan 15:9 – 12)

Reconozco que he leído estos versículos muchas veces moviendo la cabeza y diciendo: «Sí, sí, esto lo he leído antes. Es muy bonito».

Pero hace poco algo nuevo saltó sobre mí y me suplicó que estacionara mi cerebro en aquellas verdades que solo había leído por encima. Se nos enseña a permanecer en el amor de Dios para que no relacionemos nuestra felicidad con ninguna otra cosa que no sea Dios. Para que nuestro gozo sea completo.

Completo. Que no le falta nada. Completo. Llenas de gozo hasta el tope, independientemente de que llevemos puestos nuestros pantalones vaqueros estrechos o no. Completo. Satisfechas con una llenura que no podemos obtener de ninguna otra manera. ¿Te imaginas lo hermoso que debe ser vivir como una persona completa?

Las personas incompletas son difíciles, exigentes, y siempre en la búsqueda de algo que sin dudas les llenará. La gente incompleta piensa que ponerse los pantalones vaqueros estrechos arreglará todo lo que esté mal y equilibrará todas sus inseguridades. La gente incompleta descubre rápidamente que los pantalones estrechos no arreglan nada en sus vidas, excepto el número de talla en la etiqueta que nadie ve.

> *La gente incompleta piensa que ponerse los pantalones vaqueros estrechos arreglará todo lo que esté mal y equilibrará todas sus inseguridades.*

Las personas incompletas se mueren porque otros vean el progreso en su dieta, pero enseguida descubren que los elogios no garantizan una relación ni la intimidad. No caen mejor, ni son mejor aceptadas, ni las reciben mejor. E incluso si se las quiere en base a una talla menor de pantalones vaqueros, ¡qué cosa tan superficial es esa!

La mala noticia es que todos somos personas incompletas. Lo bueno es que Jesús ama a la gente incompleta. Y él quiere que sepamos que nuestro gozo puede ser completo al sentirnos lo suficientemente seguros de su amor como para llegar hasta otras personas incompletas y amarlas.

Actos de bondad en la tarde

Reconozco que amar a las personas incompletas no parece el camino lógico hacia la felicidad. Y no parece un tema lógico tratar en un libro acerca de llegar a ser saludables y de mantener nuestros pantalones vaqueros estrechos en la adecuada perspectiva. Pero sigan leyendo, puede que se sorprendan.

Precisamente el otro día estaba pensando en algunos de esos correos electrónicos de los que hablé antes y llegué a la conclusión de que la gente incompleta es como un disparador que me provoca a comer. Son personas complicadas, sensibles y desagradables en sus reacciones. Tienen el potencial de agotar mi determinación y volverme gruñona.

Lo último que deseo hacer cuando una persona se muestra como absolutamente incompleta es amarla. Quiero tomar una bolsa de Cheetos y racionalizar si me corresponde darme un gusto en ese momento. Entonces quiero sentarme en el sofá y decirle al aire que me rodea cuánto me gustan los Cheetos y lo mal que me cae la gente incompleta.

Pero, ¿y si me atreviera a pensar diferente en ese momento? ¿Y si tuviera el valor suficiente como para actuar y reaccionar como una persona completa, como una muchacha que ama a Jesús y en quien él se goza, alguien a quien él sostiene y dirige? ¿Qué pasaría si en lugar de tomar en cuenta la ofensa de esa persona incompleta, pudiera ver la herida que de seguro se esconde tras esa reacción desagradable?

Me detengo. No busco la bolsa de Cheetos. No reacciono ásperamente como resultado de lo incompleta que soy. No me regodeo en mis pensamientos acerca de lo injusta y cruel que es esa otra persona. Y en cambio decido amar.

En silencio saco un pedazo de papel y respondo con palabras de gracia. O elaboro un correo electrónico con un mensaje de compasión.

O lo que es mejor aún, ¿y si hiciera eso todas las tardes, incluso cuando no tengo un encontronazo con una persona incompleta sencillamente porque tengo deseos de comer algo que no debo comer? He estado probando esto últimamente y me encanta. Los actos de bondad por las tardes son otro resultado inesperado de permitir que Jesús dirija mi búsqueda de comer saludable.

Cada día le pregunto a Jesús si hay alguien en mi vida que necesita palabras de ánimo, y él siempre pone alguien en mi corazón. Entonces, en lugar de llenar mis tardes con pensamientos de frustración hacia otros o con pensamientos tentadores sobre la comida, las lleno con los pensamientos de amor que

> *¿Y si tuviera el valor suficiente como para actuar y reaccionar como una persona completa, como una muchacha que ama a Jesús y en quien él se goza, alguien a quien él sostiene y dirige?*

Dios tiene por otros. Y eso es algo maravilloso, independientemente de que lleve puestos mis pantalones vaqueros estrechos o no.

Al fin de cuentas, recordemos que la meta final de este recorrido no tiene que ver con convertirnos en una persona que use una talla más pequeña sino con hacernos desear a Jesús y sus verdades como lo que mejor puede llenar nuestro corazón. Debemos permanecer dentro de esta perspectiva saludable. Dejar que sus pensamientos sean nuestros pensamientos. Permanecer. Dejar que sus caminos sean nuestros caminos. Permanecer. Dejar que sus verdades penetren las profundidades de nuestros corazones y produzcan cosas buenas en nuestras vidas. Permanecer. Abordar este mundo lleno de gente incompleta como nosotros con el gozo de Jesús. Permanecer. Y ver nuestros pantalones vaqueros estrechos como una recompensa divertida, nada más. Permanecer. Y ser guiadas en paz porque hemos mantenido la alegría ligada solo a Jesús. Permanecer.

Preguntas para reflexionar

1. ¿Qué fantasías tienes acerca de cómo sería la vida si tuvieras tu peso ideal? ¿Te imaginas que todo en tu vida sería mejor de alguna manera, que tus relaciones mejorarían, que aumentaría tu confianza, que tus problemas desaparecerían, que te respetarían, admirarían y obedecerían? ¿Por qué crees que tu peso tiene tanto poder como para influir en tu perspectiva de la vida?

2. Películas y palomitas de maíz, fiestas y pastel, juegos de béisbol y perros calientes, reuniones y café, televisión y papitas. ¿Qué actividades disfrutas en parte o sobre todo por la comida que se vincula con ellas? ¿Qué actividades podrían perder su atractivo para ti si la comida no fuera parte de la experiencia?

3. «Se nos enseña a permanecer en el amor de Dios para no relacionar nuestra felicidad con ninguna otra cosa que no sea Dios» (página 117). ¿A qué otras cosas aparte de Dios has ligado tu felicidad? ¿Cuál fue el resultado? ¿Crees que es posible sentirte llena de gozo incluso cuando no estás en el peso que quieres? ¿Por qué o por qué no?

4. «[Las personas incompletas] son personas complicadas, sensibles y desagradables en sus reacciones» (página 118). ¿Quiénes son las personas incompletas en tu vida? ¿Esas personas te provocan deseos de comer? ¿Existen maneras en las que tú pudieras ser una persona incompleta en la vida de alguien? Tanto en otros como en ti misma, ¿eres capaz de ver, más allá de lo incompleto, la herida que puede haber detrás de las reacciones desagradables? ¿Qué ves?

5. La compasión que sentimos hacia las personas incompletas, incluyéndonos a nosotros mismos, se traduce en actos de bondad. Cuando piensas en las personas incompletas de tu vida, especialmente en aquellas que pueden llegar a provocarte deseos de comer, ¿cómo crees que un acto de bondad compasivo podría cambiar los sentimientos que tienes con respecto a esas personas? ¿Cómo podría cambiar la manera en que te ves a ti misma y a aquello que en ti es incompleto?

Los excesos

No sabía bien qué pensar cuando mi pastor subió al podio con una botella de vino y empezó a servirlo en una copa. Prácticamente todo el mundo se movió en su asiento y él dejó que se adaptaran al shock que sufrían en ese momento. Que de verdad se adaptaran.

Una botella de vino en el centro del escenario de una iglesia conservadora no es algo que se suela ver. Jamás. Tomamos jugo de uva para la comunión.

Entonces nos pidió que nos pusiéramos en pie para leer la Palabra de Dios, en el pasaje de Juan 2 donde Jesús convierte el agua en vino. La idea del sermón era quitar algunos escombros culturales, algunos tabúes acerca de tomar vino, para que pudiéramos descubrir lo que la Biblia dice realmente y aceptarlo como parte de esa verdad más amplia de Dios. Fue un sermón poderoso, lleno de versículos, que disipó los mitos de que el vino con el que Jesús llenó las tinajas ese día había sido un jugo de uva aguado y sin fermentar. Era vino. Un vino que, el propio Jesús que nunca había pecado, bebió.

Por supuesto, él manejó esta enseñanza con mucho cuidado. Los menores de edad y los que tienen problemas con el alcohol y no pueden tomarse una copa de vino sin ser irresponsables deben evitarlo por completo. Además habló de no ser una piedra de tropiezo para los que tienen problemas con el alcohol. Pero repito, el tomarse o no una copa de vino con la cena no constituía la parte central del sermón; el punto era conocer lo que decía la Biblia en relación con aquellos asuntos que enfrentamos cotidianamente para poder aplicar esas Escrituras a nuestras vidas de manera adecuada.

Entonces dio una vuelta de volante e hizo girar la atención hacia la comida.

Ahora sí que se trataba de un día histórico en la iglesia. Ver vino en el templo ya había resultado bastante chocante, pero nunca había escuchado a un predicador hablar en la iglesia de la glotonería. Jamás. Y lo que dijo fue brillante. ¿Cómo podemos apuntar un dedo condenatorio hacia el alcohol y luego llegar al buffet de la iglesia y darnos un atracón de cosas deliciosas, algunas fritas, otras apanadas, todas llenas de calorías, y en porciones que hacen que se doblen nuestros platos de cartón, de modo que nuestros estómagos piden a gritos un antiácido?

Los excesos son excesos. Y los excesos sin límite en la comida siempre producen consecuencias, comprometen nuestra salud, disminuyen la energía que necesitamos para cumplir nuestro llamamiento y afectan la manera en que nos sentimos con respecto a nosotros mismos, por mencionar solo algunas cosas. A este punto, tenemos que reconocer que nuestro problema con la comida no es apenas una cuestión pequeña que nos lleva a usar una talla de vestido que no es la ideal.

> *Los excesos sin límite en la comida siempre producen consecuencias.*

Comer en exceso es un pecado. La Biblia lo llama glotonería, lo que el diccionario define como: «Acción de comer con exceso y con ansias».[8]

La enseñanza bíblica sobre el comer y beber en exceso es clara. «No te juntes con los que beben mucho vino, ni con los que se hartan de carne, pues borrachos y glotones, por su indolencia, acaban harapientos y en la pobreza» (Proverbios 23:20–21). Otro ejemplo: «El que guarda la ley es hijo prudente; mas el que es compañero de glotones avergüenza a su padre» (Proverbios 28:7, RVR60).

Dudo que alguna vez vayamos a ver alguno de estos versículos en la pizarra de anuncios de la escuela dominical como el «versículo a memorizar durante la semana». Son versículos difíciles. El tema es difícil.

Imagino que a estas alturas te estarás preguntando si realmente necesitamos tratar lo de la glotonería. En verdad no se trata de un tema divertido que nos lleve a decir: «Sigue predicando, hermana. ¡Me encanta la manera en que nos animas!».

Y dudo que pueda llenar algún estadio, si alguna vez anuncio una conferencia de fin de semana acerca de la glotonería. Pero tenemos que tratar el tema y déjame decirte por qué.

En la superficie parecería que de lo único que estamos hablando aquí es de la comida y de las cantidades que consumimos. En realidad en la raíz de la glotonería yace un problema mucho más grave. Atiborrarnos de comida o de bebida hasta emborracharnos, o quedar envueltas en los afectos de una relación adúltera son todos intentos de acallar los gritos de un alma hambrienta.

Un alma que anhela ser llenada

Un alma hambrienta es como la aspiradora que mi madre usaba cuando yo era niña. Tenía un tubo de metal largo que aspiraba vorazmente todo, cualquier cosa que tuviera delante. Absorbía pelusas y polvo con el mismo entusiasmo con el que se tragaba un billete de $10 dólares. Eso lo sé por experiencia.

Nuestras almas tienen la misma intensidad voraz que la aspiradora de mi madre; así fue como Dios nos creó, con el deseo de ser llenadas. Es un deseo que Dios nos infundió para atraernos a una intimidad más profunda con él. El salmista expresa este deseo como una sed intensa: «Cual ciervo jadeante en busca del agua, así te busca, oh Dios, todo mi ser. Tengo sed de Dios, del Dios de la vida. ¿Cuándo podré presentarme ante Dios?» (Salmo 42:1–2). «Hacia ti extiendo las manos; me haces falta, como el agua a la tierra seca» (Salmo 143:6).

Así es, nuestras almas están sedientas y son como aspiradoras voraces. Si no descubrimos la forma de llenar nuestras almas con el alimento espiritual, siempre nos sentiremos tentadas a anestesiar esos anhelos

> *Si no descubrimos la forma de llenar nuestras almas con el alimento espiritual, siempre nos sentiremos tentadas a anestesiar esos anhelos con otros placeres físicos temporales.*

con otros placeres físicos temporales. Cuando esos placeres tienen que ver con la comida, la conducta resultante será aquella que a menudo escuchamos denominar como «comer por ansiedad». Pero este asunto va mucho más allá de las emociones, realmente se trata de una cuestión relacionada con una carencia espiritual.

Mi novio se pelea conmigo. Quiero una porción de helado.

Aquel gran negocio se cae. Una ración súper grande de papas fritas, por favor.

No me siento bonita. Necesito un poco de chocolate que me consuele y me deleite.

Mis hijos están volviéndome loca. Me merezco un pedazo de pastel. Me merezco tres pedazos.

Detesto limpiar la casa. Cuando termine me voy a premiar comiendo tantas papitas como me dé la gana.

Es mi cumpleaños y no creo que a nadie le importe. Voy a comer para sentirme feliz o para anestesiarme. ¿Qué diferencia hace, verdad?

Parece irónico que incluso mientras escribo estas palabras esté luchando contra lo mismo. Hay una situación en mi vida que se ha abierto camino hasta los lugares más vulnerables de mi corazón. Esa pequeña grieta en mi firme determinación se creó por el rechazo extremo de mi padre biológico. Y aunque he alcanzado una victoria asombrosa al comprender que ya no soy hija de un padre arruinado sino más bien una hija de Dios, volver a experimentar rechazo nunca es divertido.

> *Me he dado cuenta de que cuando son ciertas emociones difíciles las que provocan mi deseo de darme un gusto, realmente no se trata de un deseo de darme el gusto sino de un intento velado de automedicación.*

Algo dentro de mí me dice: «Hoy es un día en el que te mereces un premio, Lysa. Un día en el que puedes comer lo que quieras y cuanto quieras». Solo porque haya logrado el peso que deseaba en este recorrido que emprendí, y porque la mayor parte del tiempo actúe de manera correcta, no significa que pueda bajar la guardia y regresar a los viejos hábitos. Esa es una pendiente muy resbalosa.

No quiero decir que no debamos darnos un gusto de vez en cuando. Debemos hacerlo. Pero me he dado cuenta de que cuando son ciertas emociones difíciles las que provocan mi deseo de darme un gusto, realmente no se trata de un deseo de darme el gusto sino de un intento velado de automedicación. Y automedicarme con comida, aunque sea solo por una vez, vuelve a lanzarme a ese círculo vicioso que yo debo evitar.

También es importante señalar que no toda glotonería es causada por una reacción emocional. A veces se trata solo de un exceso porque nos falta el control como para decir que ya es suficiente. Y me duele ver que muchas personas en la iglesia simplemente no están dispuestas a escuchar cuando se trata de este tema.

Entonces ¿qué debemos hacer?

Pocos años atrás, las palabras *control de las porciones* cobraron un nuevo significado para mí mientras estudiaba el libro de Éxodo y observaba la curiosa reacción emocional del pueblo de Dios cuando Moisés los sacó de la esclavitud en Egipto. Acababan de ver a Dios hacer milagro tras milagro para ayudarlos a huir de sus captores, pero entraron en pánico cuando se trató de la comida.

Allí, en el desierto, toda la comunidad murmuró contra Moisés y Aarón:

—¡Cómo quisiéramos que el Señor nos hubiera quitado la vida en Egipto! —les decían los israelitas—. Allá nos sentábamos en torno a las ollas de carne y comíamos pan hasta saciarnos. ¡Ustedes han traído nuestra comunidad a este desierto para matarnos de hambre a todos!

Entonces el Señor le dijo a Moisés: «Voy a hacer que les llueva pan del cielo. El pueblo deberá salir todos los días a recoger su ración diaria. Voy a ponerlos a prueba, para ver si cumplen o no mis instrucciones» (Éxodo 16:2-4).

Es decir que Dios planeaba usar el problema de los israelitas con la comida para enseñarles la valiosa lección de la dependencia cotidiana de él. ¿No te encanta la manera en que esto puede aplicarse a nosotros? Las historias antiguas de la Biblia me han enseñado que la historia sin dudas busca la manera de repetirse, así que nos vendría bien prestar atención. Ya que esos israelitas recién liberados siguieron quejándose de Dios y se alejaron en su corazón de él, Dios los llevó por un desvío que demoró cuarenta años. En lugar de ir directo a la Tierra Prometida de la libertad, tuvieron que deambular por el desierto durante cuarenta años, mientras aprendían a depender de Dios verdaderamente.

No sé tú, pero yo no quiero pasarme los próximos cuarenta años de mi vida aprendiendo esa lección. Quiero dejar de quejarme por mi peso, aplicar este entrenamiento valioso sobre la dependencia de Dios y las porciones limitadas, y seguir caminando hacia la victoria que puede ser mía. Entonces, ¿cómo enseñó Dios a su pueblo de antaño a depender de él todos los días?

Cada día los israelitas tenían que pedirle a Dios su porción de alimentos. Entonces Dios hacía llover exactamente lo que necesitaban para alimentarse. Se llamaba *maná*, que me imagino que se parecería un poco a las hojuelas pequeñas y dulces de puré de papa instantáneo. Los israelitas tenían que salir cada mañana a recoger maná suficiente para ese día.

Nunca debían recoger de más ni construir grandes depósitos para almacenar el maná y vender, como los restaurantes de comida rápida, Maná en Cajitas Felices. No, Dios quería que ellos solo tomaran una ración para el día. Al día siguiente regresarían a él y nuevamente recibirían su porción cotidiana. La única excepción era el día antes del sábado en que podían recoger una porción doble para no tener que trabajar en el día santo. Se trataba de un proceso que tenía el objetivo de crear en ellos el hábito de depender cada día de Dios y solo de Dios.

Sería bueno seguir este mismo proceso a nuestras luchas. Cada día Dios puede ser la porción perfecta de todo lo que necesitamos, de lo que satisfaga cada anhelo que tenemos, cada deseo desesperado por el que claman nuestras almas. Dios sería nuestra porción. Con eso en mente, regresemos a algunas de las luchas emocionales que señalamos antes y que pueden provocar a menudo que en nosotros se manifieste una reacción de glotonería.

Mi novio se pelea conmigo. En lugar de buscar una porción de helado, le pido a Dios que sea mi porción diaria de compañía durante este tiempo solitario. «Dios, detesto este rechazo y este dolor. A veces me parece que la soledad va a tragarme viva. No puedo lidiar con esto yo sola. ¿Serías tú mi porción de sanidad y compañía solo por este día?»

Aquel gran negocio se cae. En lugar de pedir para el almuerzo un plato de pastas nadando en salsa, le pido a Dios que él sea mi porción de fortaleza para que pueda comer una ensalada con pollo a la parrilla. Oro: «Señor, necesito consuelo ahora mismo, y esas pastas con salsa parecen un gran consuelo. Me duele mucho haber perdido este negocio. Cuando me siento fracasada me dan ganas de decir: "¡Qué importa!", y de comer cualquier cosa. ¿Serías mi porción de consuelo, fortaleza y éxito en este momento?».

Mis hijos me están volviendo loca. En lugar de devorar tres pedazos de pastel de chocolate, oro: «Señor, deseo tanto ser una madre paciente. No sé si podré ser una madre paciente durante el resto de mi vida. Pero con tu porción de fortaleza puedo depender de ti en este momento y no tratar de usar la comida como medicación para mis falencias».

Sigo pidiéndole a Dios una y otra vez que él sea mi porción diaria.

Ante cualquier situación, sigo pidiéndole a Dios una y otra vez que él sea mi porción diaria de compañía, de provisión, de paciencia. Y un día encontraré la victoria sobre esas cosas, en lugar de solo mirar al pasado y ver un montón de lágrimas y migajas de pastel. Aquí tenemos una promesa bíblica en la que podemos apoyarnos:

> Por la misericordia de Jehová no hemos sido consumidos, porque nunca decayeron sus misericordias. Nuevas son cada mañana; grande es tu fidelidad. Mi *porción* es Jehová, dijo mi alma; por tanto, en él esperaré. (Lamentaciones 3:22–24, RVR60, énfasis mío).

Llegar a entender la verdad de que Dios es nuestra porción tiene el potencial de transformar algo más que nuestros hábitos alimenticios; puede transformar nuestra reacción en cada aspecto de nuestras vidas. Practicar un control de las porciones por parte de Dios fue algo crucial para el desarrollo espiritual de los israelitas y es crucial también para nuestro desarrollo espiritual. Dios habla sin rodeos en lo referido a sus expectativas y promesas:

> No tendrás ningún dios extranjero, ni te inclinarás ante ningún dios extraño. Yo soy el SEÑOR tu Dios, que te sacó de la tierra de Egipto. Abre bien la boca, y te la llenaré. (Salmo 81:9–10)

Ya sea que hablemos de la comida, del vino, del sexo, de las compras o de cualquier otra cosa con la que tratemos de llenarnos, nada en este mundo puede satisfacernos jamás como la porción de Dios. Ninguna otra cosa puede satisfacer verdaderamente. Ninguna otra cosa resulta infalible y absoluta. Y no digo esto con una sonrisita, esperando que funcione. Lo grito desde las profundidades de mi alma, porque sé que funciona, «¡Él apaga la sed del sediento, y sacia con lo mejor al hambriento!» (Salmo 107:9).

Preguntas para reflexionar

1. ¿Cuáles son las verdades no dichas sobre la comida en tu iglesia o en tu círculo de amigas cristianas? En cuanto a lo que comen y a cómo se relacionan con la comida, ¿tu comunidad cristiana es algo positivo o algo negativo para alcanzar tu meta de comer de manera saludable?

2. La glotonería de cualquier tipo (de comida, alcohol, drogas, sexo) podría describirse como un intento desesperado por silenciar los gritos de un alma hambrienta. ¿Alguna vez has pensado de este modo con respecto al comer en demasía? ¿Lo has visto como un intento de silenciar tu alma hambrienta? ¿Cómo podría esta perspectiva ayudarte a lograr una nueva compresión de tus batallas con la comida?

3. Si tu alma es como una aspiradora voraz, ¿qué tipo de cosas se ha tragado a través de los años en su deseo de alcanzar una llenura?

4. Lysa usa la historia de Éxodo para mostrar la forma en que Dios enseñó a su pueblo a depender de él, dándole solo lo que necesitaba para cada día (páginas 125–126). ¿De qué manera esta historia puede darte ánimo? ¿Tienes el hábito de depender de Dios para lo que necesitas cada día, de modo que él sea tu porción cotidiana de compañía, provisión y fortaleza? ¿Qué «maná» anhelas más de parte de Dios?

5. ¿Han existido momentos en tu vida en los que luchabas porque no tenías lo que necesitabas? ¿De qué manera esas experiencias de privación han afectado tu capacidad de confiar en que Dios puede darte lo que necesitas cada día para manejar la comida?

6. «¡Él apaga la sed del sediento, y sacia con lo mejor al hambriento!» (Salmo 107:9). ¿Cómo respondes a esta promesa? Si pudieras pedirle a Dios una cosa que te ayudara a sentir satisfacción profunda en el alma, ¿cuál sería?

Vacío emocional

A veces la gente lucha con el tema de la comida porque ingiere demasiada cantidad del tipo inadecuado y consume más calorías de las que su cuerpo necesita. Cuando su consumo de energía es menor al de los alimentos que se ingieren, el exceso se almacena como grasa. Una libra (0,454 kg) de grasa equivale a 3.500 calorías, lo que hace que subir o bajar de peso sea una ecuación matemática bastante clara. Para bajar de peso necesitamos quemar más calorías de las que consumimos de modo que la grasa que tenemos almacenada se queme como combustible.

Y aunque este principio se cumple tanto para mí como para cualquier otra persona, hay en mí cosas que hacen que la idea de bajar de peso sea algo más complicada que solo una cuestión de números. Detrás de toda esa operación matemática se mueve una fuerza menos mensurable que actúa dentro de mí. Esta adquiere la forma de un vacío o carencia. Cuando recorro la cronología de mi vida puedo recordar ocasiones en las que el vacío espiritual y emocional me hacía sentir muy vulnerable. La silueta que dibujaba mi carencia tenía que ver con la ausencia de un padre biológico. Era como si alguien hubiese tomado una foto de mi familia y hubiera recortado la silueta de mi padre con la precisión de un rayo láser, sacándolo de nuestras vidas.

Ahí estábamos las tres, mi mamá, mi hermana y yo, en medio de una familia deforme en la que había un hueco que iba más allá de una mera fotografía recortada. No quedaba nada de él. De su rostro que, debió haber mirado a sus hijas con adoración. De sus brazos, que deberían haber trabajado para proveer para nosotros. De sus pies, en los que debió permitir que me parara mientras él bailaba conmigo en la sala de estar. De su mente, que debió habernos explicado con sabiduría por qué se mueren los hámsters, que son nuestras mascotas, y por qué a veces los muchachos les destrozan el corazón a las chicas. De su corazón, que debió haber estado lleno de compasión y de un deseo de protegernos de las tormentas que nos asustaban tanto.

Se llevó con él mucho más de lo que podría haberme imaginado jamás. Aquellas pocas maletas y cajas plásticas no solo llevaban calzoncillos, corbatas, trofeos viejos y libros empolvados. En algún lugar entre su colonia Old Spice y sus carpetas de oficina estaban los pedazos rotos del corazón de una niña.

No soy afecta a señalar las heridas de mi niñez y decir: «Todos mis problemas se relacionan con lo que otras personas me hicieron. Déjenme abrir mis heridas y sentir autocompasión por todo lo que emerja». En algún punto llegué a entender que todo el mundo tiene heridas a causa de su pasado. Y todo el mundo tiene la opción de permitir que esas heridas pasadas sigan persiguiéndolos y dañándolos, o dejar que el perdón allane el camino para poder ser más compasivos con otros.

Pero la realidad del abandono de mi padre creó algunos hábitos dañinos que se instalaron en mi vida. El vacío tiene su manera de exigir que se lo llene. Y cuando no podía encontrar la forma de satisfacer aquella falta que percibía en el corazón, mi estómago estaba más que dispuesto a aceptar algunas sugerencias. La comida se convirtió en un consuelo que podía abrir y cerrar como una llave de agua. Era fácil. Llenaba mucho. Estaba a mi alcance. Y eso se convirtió luego en un patrón.

Todo el mundo tiene heridas a causa de su pasado.

De alguna manera, cada vez que mi corazón se sentía un poquito vacío, mi estómago captaba la señal y sugería que lo mejor era alimentarlo a él.

Cuando decidí comer de manera saludable, empecé por hacer una oración muy sencilla: «Inquiétame». Hablaré más de esta oración en el capítulo 17, pero la menciono ahora porque durante el proceso de ser inquietada tomé conciencia de que el vacío emocional me incitaba a comer. Gran parte de este vacío emocional se remontaba al momento en que a aquella niñita, al regresar de la escuela, se le dijo: «Tu papá se ha ido». Eso fue algo tan tremendo, tan devastador para mí, que hizo que la mente se me llenara solo de recuerdos negativos acerca de mi papá. Según yo pensaba, él nunca me amó.

¿Y sabes una cosa? Tal vez haya sido así. Pero centrar mi mente solo en aquellos pensamientos negativos acerca de mi papá produjo una tremenda tristeza en mi corazón. Aunque Jesús me había tocado y mi alma se había llenado de las perspectivas sanas de Dios y de sus verdades sanadoras, aún quedaba en mí un aspecto muy humano que se sentía increíblemente triste al pensar en lo que nunca había sido con mi papá.

A veces me podía sacudir la tristeza con un suspiro y proclamando quién soy en Cristo. Pero en otras ocasiones me causaba enojo. Y me ponía a la defensiva. Y me daba hambre. Y me hacía sentir profundamente insatisfecha.

Sinceramente, nunca pensé que fuera posible ninguna otra cosa con mi papá que no fuera tristeza. Había tratado de llegar a él con algunas llamadas telefónicas y cartas a través de los años, pero nunca se produjo una restauración milagrosa. No hubo un final hermoso en el que de pronto él tocara a mi puerta y me dijera: «Lo siento». Ninguna nota que, luego de años de andar perdida por ahí, por fin llegara a mí diciendo: «Siempre te he amado». Ningún hermoso crescendo de la música mientras en la historia de mi vida con papá de repente aparecieran en la pantalla las palabras: «Felices para siempre».

Nada de todo eso. Solo una herida sin restauración y la molesta sensación de que su ausencia en parte se debía a que yo no era lo que él hubiera deseado que fuera. Se trata de un peso grande para una niña pequeña. Es un peso grande incluso para nosotras, chicas ya grandes.

Pero entonces, un día Dios me sorprendió de una manera muy inusual. Como dije, había estado orando para que Dios me inquietara y me hiciera tomar conciencia de todas aquellas cosas a las que yo me había resignado por considerarlas imposibles cambiar. Y aunque mi papá siguió sin hacer esfuerzos por relacionarse conmigo, un dulce recuerdo de él cambió mi oscura perspectiva.

El invierno pasado Art y yo fuimos a Vermont, y allí me desperté una mañana para contemplar lo que una tormenta de nieve nos había traído durante la noche. Yo nunca había visto tanta nieve en mi vida, pero lo que realmente llamó mi atención fueron los carámbanos de hielo que colgaban del borde del techo. Eran gloriosos.

Mientras los contemplaba, un recuerdo sobre mi papá pasó de repente por la pantalla de mi mente.

Yo crecí en Florida, lo que implica que no había nieve nunca, pero recuerdo que yo oraba para que hubiera nieve. Y oraba como un predicador en una reunión de avivamiento de las que se celebraban en una carpa. Si era posible que alguna vez nevara en Florida, seguro que las oraciones de esa niñita apasionada podrían abrir los almacenes del cielo en los que se guardaban los copos de nieve.

Una noche, la temperatura bajó de manera sorprendente y el meteorólogo dijo que habría una helada, algo raro en nuestra zona. Lo lamentable fue que no se produjeron precipitaciones. Era la única noche en la que la nieve hubiera sido posible.

Aquello rompió mi corazoncito.

Pero a la mañana siguiente me desperté en medio de un paisaje increíble. Había carámbanos por todas partes. En los árboles de nuestro patio se veían carámbanos gloriosos que brillaban, goteaban, colgaban y reflejaban la luz.

Era mágico.

La nuestra era la única casa de la cuadra con semejante despliegue grandioso del invierno.

Porque yo era la única niña cuyo papá pensó en dejar deliberadamente los regadores funcionando en la única noche en que se produciría una helada.

No sé en qué lugar había estado escondido este recuerdo durante tantos años, pero fue un regalo. En algún recoveco misterioso y profundo del corazón deshecho de mi papá, había un asomo de amor.

Y aunque sin duda esto no resuelve todas las complicaciones referidas a que mi papá me hubiera abandonado, me provee un elemento saludable en que pensar en lo que a él respecta. Es uno de esos buenos pensamientos que la Biblia enseña que debemos pensar: «Consideren bien todo lo verdadero, todo lo respetable, todo lo justo, todo lo puro, todo lo amable, todo lo digno de admiración, en fin, todo lo que sea excelente o merezca elogio» (Filipenses 4:8). Me gusta llamar a esto: «Estacionar mi mente en un lugar mejor».

Es muy fácil estacionar la mente en lugares inadecuados. Instalarse en el pasado, rumiándolo, y desear que las cosas fueran diferentes. Pero pensar en las cosas difíciles nos mantiene en lugares difíciles y solo sirve para profundizar nuestros sentimientos de vacío emocional. Es allí donde uno comienza a sentir auto conmiseración y ya sabemos que esa especie de fiesta de lástima de uno mismo exige que se coman delicias con muchas calorías una y otra vez. Pero dedicarse a la auto conmiseración es una manera cruel de entretenerse, porque luego aparece un vacío más profundo del que había al empezar.

Y en esas circunstancias yo me quedaba sentada, con la mente atormentada por la culpa, el estómago hinchado, el corazón vacío y el alma llena de ira porque mi papá seguía hiriéndome incluso a través de todos esos años.

Pero este recuerdo de los carámbanos de hielo me proveyó un nuevo lugar para estacionarla. Un lugar en el que podía buscar la verdad que reemplazara al chocolate. Un lugar en el que lo encantador podía ser alguna otra cosa y no los nachos que ofrecía el restaurante Taco Bell. Y mi respuesta victoriosa, al volcarme a cosas como la oración, la lectura de las Escrituras y el ejercicio para liberar el estrés en lugar de llenar mi vacío con meriendas, sería excelente.

> *Pensar en las cosas difíciles nos mantiene en lugares difíciles y solo sirve para profundizar nuestros sentimientos de vacío emocional.*

¿Y tú? ¿Hay algo del pasado que te provoca un vacío emocional? Como primer paso a la sanidad, ¿puedes recordar algo bueno de esa situación pasada? ¿O tal vez algo bueno que hubiera sucedido a pesar del dolor del suceso? Si no, pídele a Dios que te dé un lugar adecuado en el que estacionar tu mente junto con esta situación devastadora de tu pasado. Pero si es así, trata de hacer el siguiente ejercicio, basado en Filipenses 4:8. Así lo hice yo con el vacío que sentía por causa de mi papá:

Todo lo verdadero: Mi papá estaba destruido. Solo los papás arruinados dejan a sus hijos. Eso no es una idea mía. Simplemente es algo que refleja las lamentables decisiones que él tomó. Pero también es verdad que él tuvo que dejar a un lado su estado de quebranto para poner los regadores para su niña. Y por pequeño que ese acto sea, fue un acto de amor.

Todo lo respetable: No tengo que vivir por el resto de mi vida como la hija de un padre destruido. Puedo vivir como una hija del Rey de reyes que no solo me quiere sino que ha prometido que nunca jamás me dejará. De hecho, la Biblia me promete: «El Señor está cerca» (Filipenses

4:5). Y el Señor estuvo cerca la noche de los aspersores. Aunque mi papá profesaba ser ateo, estoy convencida de que esa noche Jesús atravesó su dura coraza y estuvo cerca de él. Incluso si él no recibió a Jesús, estuvo lo bastante cerca una noche como para ver lo bello que puede ser el amor. Espero que mi papá lo recuerde.

Todo lo justo: Dios es lo único justo que tiene la vida en este mundo. Todo lo justo lleva el toque de él. Me provoca una sonrisa el pensar que aquella noche deben haber quedado dos tipos de huellas distintas en aquel viejo y oxidado aspersor amarillo. Mi padre biológico lo cargó, lo puso y lo hizo funcionar. Pero mi papá celestial se aseguró de que el aspersor estuviera justo en la posición correcta para formar carámbanos que se congelaron en los árboles y calentaron mi corazón.

Todo lo puro: Dios ha puesto eternidad en el corazón de todo ser humano (Eclesiastés 3:11). Así que, a pesar de toda la oscuridad que parecía rodear a mi papá, alguna luz pura de generosidad se abrió paso y dio muestras de que algo bueno obraba dentro de él. Calor en una noche fría. Pureza en medio del pecado y la confusión, de los corazones arruinados y las vidas marcadas.

Todo lo amable: Dios puede tomar lo feo y hacerlo bello. Al fin de cuentas, a él se lo llama el Alfarero, ¿no es verdad? Del polvo de la tierra formó a los seres humanos. Sanó a un ciego restregando barro en los ojos del hombre enfermo. Esa es una cualidad encantadora de Dios. Esa amabilidad se derramó y ayudó a mi papá a pensar en los carámbanos. En realidad fueron carámbanos encantadores. Y en medio de un patio que nunca vio jugar a las carreras, ni una casa en un árbol, ni conversaciones entre padre e hija, en esa ocasión presenció una muestra gloriosa de algo encantador que solo nosotros tuvimos.

Todo lo digno de admiración, en fin, todo lo que sea excelente o merezca elogio: Yo no diría que mi padre era admirable, excelente o merecedor de elogios, pero tal vez debiera decirlo. Tal vez, al igual que con los carámbanos, hubo otros recuerdos que quedaron olvidados hace mucho tiempo y fueron cubiertos por la oscuridad de su cruel partida. Al final, mi Señor ha tomado los pedazos rotos de mi corazón y los ha sacado de las cajas que mi papá se llevó aquel día terrible.

Pedazo por pedazo Dios ha ido creando un mosaico en mi corazón, un mosaico de restauración, sanidad y compasión. En parte soy la persona que soy hoy debido a la herida que me causó haber sido abandonada por mi papá. Yo no hubiera escogido esa pieza para mi mosaico, pero qué bueno que Dios puso justo al lado de la herida un pedazo de cristal transparente con la forma de aquellos cálidos carámbanos de hielo de tanto tiempo atrás. Ese es un recuerdo en el que puedo pensar. Un recuerdo que me llena más que cualquier pedazo de pastel de chocolate o que los nachos.

Un recuerdo verdadero, noble, justo, puro, amable, admirable, excelente y merecedor de elogio. Y que llena.

> *Tenemos que tratar con las cosas que actúan como detonantes. Tenemos que identificar los lugares de vacío emocional y reconocer lo inútil que resulta tratar de llenar esos espacios con comida.*

Entonces, volvamos a la ecuación matemática que mencionamos antes. Yo no soy un genio en matemáticas pero recuerdo que había unas cosas llamadas polinomios. Los polinomios son expresiones algebraicas que incluyen números reales y variables. Así son mis asuntos con la comida, incluyen números reales y variables. Sospecho que lo mismo pasa con los tuyos. Y aunque debemos prestar atención a los números reales al comer menos y movernos más, nos viene bien considerar también las variables de nuestras vidas.

Tenemos que tratar con las cosas que actúan como detonantes. Tenemos que identificar los lugares de vacío emocional y reconocer lo inútil que resulta tratar de llenar esos espacios con comida. Entiendo que lo que escribí aquí no es más que el primer paso del proceso. A menudo estos problemas son grandes y complicados y el proceso es algo así como ir quitándole capas a una cebolla. Justo cuando uno piensa que ya ha solucionado un aspecto, se da cuenta de que todavía quedan muchas capas.

Si necesitas más ayuda, sé sincera contigo misma y busca un buen consejero cristiano. A menudo las iglesias pueden recomendar consejeros de tu misma zona que basan sus consejos en las verdades bíblicas. Yo no estaría donde estoy hoy sin las etapas que pasé escuchando a aquellos consejeros que le hablaron la verdad a mi vida.

Pero por hoy, encontrar un buen recuerdo en medio de un desastre es un buen comienzo. Un comienzo realmente bueno. Un comienzo amable, verdadero y merecedor de elogio.

Así que papá, si alguna vez te encuentras con estas palabras, oro para que recuerdes la noche del milagro de los carámbanos de hielo, porque es un hilo conductor de esperanza que une dos corazones muy distantes.

Y eso me hace sonreír.

Preguntas para reflexionar

1. «De alguna manera, cada vez que mi corazón se sentía un poquito vacío, mi estómago captaba la señal y sugería que lo mejor era alimentarlo a él» (página 132). ¿Sientes que existe una relación entre los sentimientos de vacío emocional y el hambre física? ¿Crees que eres capaz de distinguir entre el hambre física y el hambre provocada por las emociones, o todo te parece igual?

2. Lysa describe la forma en que usó las frases de Filipenses 4:8 para estacionar su mente en un lugar más adecuado en lo que hacía a la relación con su padre. Con las frases que aparecen a continuación y el ejemplo de Lysa como guía (páginas 134–137), invita a Dios a darte un lugar más apropiado en el que puedas estacionar tu mente en relación con una experiencia dolorosa de tu propio pasado.

   • Todo lo verdadero . . .

   • Todo lo noble . . .

   • Todo lo justo . . .

   • Todo lo puro . . .

   • Todo lo amable . . .

   • Todo lo admirable, excelente o merecedor de elogio . . .

3. Un mosaico es una obra de arte hecha de cientos o miles de pedacitos de vidrio roto o de losas de cerámica. Lysa señala que Dios está haciendo un mosaico de restauración y sanidad en su corazón, uniendo los pedazos rotos y convirtiéndolos en algo bello. ¿Puedes imaginar que Dios haga algo así en tu corazón? Si Dios usara los pedazos rotos de tu vida para hacer una imagen bella, ¿cómo esperarías que se viera?

15

El demonio en el afiche de las papitas

En los últimos tres capítulos hemos hablado de reemplazar nuestros antiguos guiones racionales por la verdad. Tal vez yo sea la única persona loca que hace dietas y está llena de racionalizaciones, pero queda una más de ellas que necesitamos tratar y es: «Si nadie nos ve, entonces las calorías no cuentan».

Sé que esto no tiene un sentido lógico. Pero, amiga, merendar cuando nadie nos mira puede acabar con cualquier plan para comer de manera saludable. Así que cuando descubro este razonamiento en mi cabeza, no trato de reemplazarlo con ninguna otra cosa. Solo huyo. Tengo que alejarme de los alrededores de la tentación.

Recuerda, esto no es solo una batalla en el campo de lo físico y lo mental. Esta batalla también es espiritual. Satanás quiere que robemos cosas en secreto. Las cosas ocultas y aquello que se hace en secreto ponen al padre de la oscuridad al tanto de nuestras debilidades y abren una puerta para que él nos ataque con sus estratagemas. Es por eso que el apóstol Pablo escribió: «Por último, fortalézcanse con el gran poder del Señor. Pónganse toda la armadura de Dios para que puedan hacer frente a las artimañas del diablo» (Efesios 6:10–11).

> *Esto no es solo una batalla en el campo de lo físico y lo mental. Esta batalla también es espiritual. Satanás quiere que robemos cosas en secreto.*

Así es como el pastor y escritor Chip Ingram caracteriza las artimañas de Satanás:

> Se orquestan para tentarnos, engañarnos, alejarnos de Dios, llenar nuestros corazones de medias verdades y mentiras, y llevarnos a la búsqueda de cosas buenas de una manera equivocada, en un momento equivocado o con la persona equivocada. La palabra inglesa *estrategias* se deriva de la palabra griega que Pablo usa y que se traduce como «artimañas». Eso quiere decir que nuestras tentaciones no son fortuitas. Las perspectivas falsas con que nos encontramos no llegan a nosotros por azar. Las mentiras que escuchamos, los conflictos que tenemos con otros, los deseos que nos consumen cuando estamos en nuestros momentos de mayor debilidad, todos ellos forman parte de un plan para lograr convertirnos en víctimas en esa guerra invisible. Son ataques organizados, golpes bajos diseñados para neutralizar a la misma gente que Dios ha llenado con su poder extraordinario.[9]

¿Has notado que Chip incluyó en su lista de artimañas específicas los *deseos que nos consumen cuando estamos en nuestros momentos de mayor debilidad*?. Sin embargo debemos recordar que tenemos un poder más grande que cualquier deseo que nos confronte. Precisamente la otra noche yo enfrenté una de mis batallas más feroces sobre esta cuestión.

Tuve un día muy atareado, y de camino a casa decidí buscar comida para llevar en uno de mis restaurantes favoritos. Ordené pescado a la parilla y brócoli. Contenta por mi elección y mi autodisciplina, pasé a la zona en la que se recoge el pedido. Fue entonces cuando comenzó el ataque.

Sobre la caja registradora colgaba un afiche gigante con las mejores papitas con salsa que hayas visto jamás. La chica que estaba detrás del mostrador trataba de preguntarme si necesitaba cubiertos desechables y de confirmar si el pedido estaba correcto.

Dentro de mi cerebro, una mujer de voluntad débil empezó a gritar: «No, mi pedido no es correcto. Necesito papitas. Muchas, muchas de esas papitas. Necesito esa sal. Quiero ese crujido. Cada fibra de mi ser ansiaba devolver el pescado y el brócoli y exigir: «¡DEME PAPITAS!».

Era como si las papitas estuvieran bailando frente a mí y cantando la letra de aquella canción de los años 80: «¿No me quieres, niña….no me quieres…. ohhhhhh oh?».

Quise empezar a recitar mentalmente aquel viejo guión que justificaba mi frenesí por las papitas: «Tuviste un día muy difícil. Te has portado bien durante mucho tiempo. ¿Quién se va a enterar? Y si nadie más lo sabe, las calorías no cuentan, ¿no es cierto? Además, es solo una ración de papitas con salsa. Todo lo demás que pediste es muy saludable. No puede ser que solo una ración de papitas resulte algo tan malo. Solo esta vez y luego pórtate bien los próximos días».

Yo quería ejecutar lo que decía aquel guión. Quería las papitas, pero algo más golpeaba mi mente. La verdad.

Vinieron a mi mente muchos de los pasajes que ya hemos mencionado. Le salieron al cruce al viejo guión y comenzaron a luchar con aquellas palabras que trataban de desviarme. Podía percibir la lucha. Literalmente, mientras estaba parada allí, demorando demasiado en responderle a la chica si necesitaba o no un tenedor plástico, la verdad y las mentiras batallaban por lograr mi atención. Fue entonces que me di cuenta. Yo tenía el poder para decidir quién ganaría.

Yo tenía el poder.

No las papitas.

Y el poder estaba en reconocer que todavía no he llegado al punto en que pueda manejar unas cuantas papitas. Mi debilidad no podía soportar ese tipo de libertad. Por lo tanto, tenía que apartarme de la fuente de la tentación, y hacerlo inmediatamente.

Mi mirada vacía pronto se convirtió en una mirada de firme determinación. «Sí, necesito un tenedor para el pescado y el brócoli». Me imagino a la chica poniendo los ojos en blanco mientras se inclinaba para buscar mi tenedor y preguntándose qué tipo de gente es aquella que tiene que pensar tanto para saber si necesita un tenedor o no.

> *Tenía que apartarme de la fuente de la tentación, y hacerlo inmediatamente.*

Pero yo no estaba concentrada en ella ni en su expresión burlona. En lugar de eso, me concentré en salir por aquella puerta. Mientras conducía hasta mi casa, un versículo me vino una y otra vez a la mente: «En el desierto cedieron a sus propios deseos…

pusieron a prueba a Dios» (Salmos 106:14). En mi mente lo repetí una y otra vez hasta que mi cena saludable y yo estuvimos lejos del demonio disfrazado de afiche de papitas y salsa.

Cuando llegué a casa y me satisfice con ese pescado saludable y el brócoli al vapor, me di cuenta de que no deseaba las papitas con la salsa. Para nada. Estaba satisfecha con mis elecciones saludables. Entonces, ¿qué fue lo que marcó la diferencia?

Analicemos un poco más de cerca ese versículo de los Salmos: «En el desierto cedieron a sus propios deseos; en los páramos pusieron a prueba a Dios». El desierto es un lugar de privación. En un estado de privación somos mucho más dados a ceder ante cosas indebidas. Estaba realmente hambrienta cuando entré a ese restaurante, lo que hacía que aquellas papitas y la salsa parecieran mejores que nunca. Yo estaba en un estado de debilidad, confrontada con algo que podía llenarme rápida y fácilmente. Eso es a lo que llamo una zona de peligro.

En una zona de peligro, las mentiras y las racionalizaciones del enemigo suenan muy dulces. Paisajes y olores seductores que el enemigo ha dispuesto específicamente para nuestra destrucción despiertan nuestras papilas gustativas para que se nos haga agua la boca. Sin procurar ser demasiado dramática, este es el punto exacto en el que debo empezar a recitar la verdad, empacar mi pescado y brócoli, y salir huyendo. Huir. Huir literal y deliberadamente.

Tuve que dejar de pensar en lo que *no debía* comer y estacionar mi mente en pensamientos tales como estar agradecida por lo que *sí podía* comer. Podía comerme un delicioso pescado ahumado y brócoli al vapor. Comida saludable y beneficiosa que fortalece mi cuerpo. Tenemos que aceptar los límites del plan de comida saludable que escojamos. Tenemos que verlos como parámetros que definen nuestra libertad con cosas como el pescado a la parilla y el brócoli, y no como restricciones horribles que nos impiden comer papitas y salsa. Y tenemos que reafirmar esos límites como regalos de un Dios al que le importa nuestra salud y no como cercas restrictivas que tienen el objetivo de impedirnos disfrutar de la vida. Las papilas gustativas vulnerables y arruinadas no pueden manejar ciertas libertades. Así que los límites nos mantienen a salvo y no restringidas.

Eso lo aprendí de nuestra querida perrita Chelsea. Ella no es muy brillante cuando se trata de andar entre los automóviles que circulan por la larga entrada a nuestra casa. Aunque tiene espacio suficiente para correr y jugar dentro de los muchas hectáreas de nuestro parque cercado, a ella la obsesiona atacar las llantas que hacen crujir el pedregullo de la entrada cada vez que alguien se acerca a nuestra propiedad en automóvil. Por lo tanto, tuvo un segundo encuentro aciago con un vehículo en movimiento más o menos en el mismo tiempo en que yo comencé con mi plan de comer saludable.

Lloré como una niña cuando la vi. Pero, aparte de una de las patas delanteras fracturadas, una de las traseras muy raspada y la falta de la mitad de la carne en su hocico, estaba bien. ¡Qué horror!

El veterinario nos dijo que para que su pata sanara adecuadamente, tendríamos que mantenerla calmada durante tres semanas. Le pedí que le diera algunas pastillas para los nervios, y de paso algunas para mí también. No me importaba usar alguna de las medicinas de mi perra si eso impedía que me volviera loca, porque eso era justo lo que yo pensaba que pasaría cuando me dieron la tarea de mantener tranquila a mi perra durante tres semanas. Ya sería todo un desafío mantener a Chelsea tranquila durante tres minutos. Pero, ¡tres semanas!

Tuve que dejar de pensar en lo que no debía comer y estacionar mi mente en pensamientos tales como estar agradecida por lo que sí podía comer.

Bueno, luego de dos semanas de aquel proceso de sanidad, toda esa quietud sacó a relucir lo mejor de Chelsea en medio de la noche. Ella decidió que me castigaría con una pataleta de quejas, llanto y golpes en la puerta cerrada de mi baño. Quería salir y quería salir en ese momento preciso. Quería correr y perseguir a alguna criatura nocturna desprevenida. La tentación era demasiado fuerte y ella estaba cansada de sacrificar su libertad.

Para ser sincera, yo también quería que ella pudiera correr y perseguir a alguna criatura nocturna. De veras, lo deseaba mucho. Pero mi amor por esa perra no me permitiría dejarla que se hiciera daño. En su debilidad, no podía manejar este tipo de libertad.

Todavía no.

Y mientras daba vueltas en la cama, a altas horas de la madrugada, la verdad de esa afirmación sobre la debilidad de Chelsea me sacudió y me hizo pensar que era algo que muy bien podía aplicarme a mí misma. Mi debilidad no podía manejar libertades con respecto a la comida fuera de los límites de mi plan.

Todavía no.

Con el tiempo yo podría añadir otra vez algunas cosas a mi dieta en pequeñas cantidades.

Pero todavía no.

Mi debilidad con respecto a la comida es algo profundo. Soy una chica que ha llegado a suplicarle a Dios que mandara del cielo una pastilla mágica que quemara la grasa porque no podía encontrar la fuerza de voluntad para pelear por mí misma esta batalla. Sí, amigas, yo oré por una pastilla que quemara la grasa. No, retiro lo dicho. Yo supliqué por una pastilla que quemara la grasa. Con lágrimas en los ojos.

No fue el mejor momento de una chica que ama a Dios.

Entonces, dado que mi debilidad con la comida es algo profundo, los nuevos hábitos saludables todavía necesitan tiempo para profundizarse. A continuación incluyo algunos de los límites saludables que me he impuesto para asegurar el éxito de mi aventura de comer de modo saludable. Para tu comodidad, también los he incluido al final del libro (Apéndice 2) para que cuentes con una guía de referencia rápida una vez que hayas terminado la lectura. Recomiendo leerlos a menudo. Me han sido muy útiles para mantenerme en sitio seguro dentro de mis hábitos saludables.

Los límites nos mantienen a salvo, no restringidas.

- Dios me ha dado poder para elegir mi comida. Yo tengo el poder, no la comida. Entonces, si no debo comerla, no me la pondré en la boca.

- Fui hecha para mucho más que estar atascada en un círculo vicioso de derrotas. No fui hecha para resultar víctima de mis malas decisiones. Fui hecha para ser una hija victoriosa de Dios.

- Cuando esté luchando y considere hacer concesiones, me obligaré a pensar más allá de ese momento y preguntarme a mí misma: «¿Cómo me sentiré mañana por la mañana con respecto a esta decisión?».

- Si estoy en una situación en la que la tentación me resulta abrumadora, tendré que escoger entre quitar de delante la tentación o alejarme de la situación.

- Cuando me inviten a una fiesta o aparezca algún otro evento especial, puedo buscar maneras de celebrar que no impliquen acabar con mi plan de comer de manera saludable.

- Luchar con mi exceso de peso no es una maldición de Dios para mí. Pero el sobrepeso es un indicio externo de que se necesitan cambios internos para que mi cuerpo pueda funcionar adecuadamente y para que yo me sienta bien.

- Me impongo estos límites no a manera de restricción sino para definir los parámetros de mi libertad. Ahora mi debilidad no puede manejar más libertad que esta. Y me parece bien.

Es una batalla difícil. Realmente difícil. Ya sea que estés mirando la mesa del buffet de la iglesia, cargada de cosas empanizadas, fritas, o cubiertas de queso, o que te encuentres en un restaurante contemplando un afiche con papitas y salsa, puede sentir que la guerra se libra en tu cabeza. Así que oro para que estos límites te ayuden a ti como me han ayudado a mí.

Me duele ver que tantas mujeres de Dios se sientan impotentes en esta lucha. Unámonos, seamos sinceras y tomémonos de las verdades que nos pueden hacer libres. Hagamos algo al respecto. La victoria es posible, hermanas, no tratando de descubrir cómo hacer de esto un proceso fácil, sino escogiendo una y otra vez, y aun una vez más, el poder absoluto que está disponible mediante la verdad de Dios.

Preguntas para reflexionar

1. ¡Felicitaciones! Has sido seleccionada para participar en el nuevo «reality» de la televisión. ¿Cuánto cambiaría tu forma de comer si supieras que hay docenas de minúsculas cámaras ocultas situadas de forma estratégica en tu casa, en tu auto, en tu lugar de trabajo, grabando todo lo que comes y transmitiéndolo en vivo por un canal local? ¿Cambiaría mucho o poco si supieras que nada de lo que comes es un secreto?

2. Cuando Lysa intentaba modificar su forma de comer tuvo que huir de ciertas tentaciones porque su debilidad no podía manejar determinadas libertades. ¿Qué áreas de debilidad todavía no te permiten manejar libertades en tu vida? Normalmente, ¿cómo respondes a la tentación en esas áreas?

3. Cuando se trata de poner límites con la comida es importante concentrarnos en lo que *podemos* comer en lugar de en aquello que *no podemos*. Pensando en lo que puedes comer ahora mismo, menciona entre tres y cinco alimentos por los que te sientas agradecida. ¿De qué manera el concentrarte en estos alimentos te impide pensar demasiado en aquellos que no puedes comer por el momento?

4. Lysa describe siete límites saludables que la ayudan en su aventura con la comida. En el gráfico que aparece a continuación coloca una X en cada uno de los límites, según te parezcan una dura restricción o un cerco de seguridad para ti.

    Dios me ha dado poder para elegir mi comida. Yo tengo el poder, no la comida. Entonces, si no debo comerla, no me la pondré en la boca.

| Este límite parece una dura restricción. | Este límite me parece un cerco de seguridad. |

    Fui hecha para más que estar atascada en un círculo vicioso de derrotas. No fui hecha para ser víctima de mis malas decisiones. Fui hecha para ser una hija victoriosa de Dios.

| Este límite parece una dura restricción. | Este límite parece un cerco de seguridad. |

    Si estoy en una situación en la que la tentación me resulta abrumadora, tendré que escoger entre quitar de delante la tentación o alejarme de la situación.

Este límite parece una dura
restricción.

Este límite parece un cerco
de seguridad.

Cuando me inviten a una fiesta o aparezca algún otro evento especial, puedo buscar maneras de celebrar que no impliquen acabar con mi plan de comer de manera saludable.

Este límite parece una dura
restricción.

Este límite parece un cerco
de seguridad.

Luchar con mi exceso de peso no es una maldición de Dios para mí. Pero el sobrepeso es un indicio externo de que se necesitan cambios internos para que mi cuerpo pueda funcionar adecuadamente y para que yo me sienta bien.

Este límite parece una dura
restricción.

Este límite parece un cerco
de seguridad.

Me impongo estos límites no a manera de restricción sino para definir los parámetros de mi libertad. Ahora mi debilidad no puede manejar más libertad que esta. Y me parece bien.

Este límite parece una dura
restricción.

Este límite parece un cerco
de seguridad.

Considera por un momento tus respuestas. ¿Qué revelan en relación con la manera en que ves tus límites? ¿Qué límite te parece más una restricción? ¿Hay algo con lo que ya hayas luchado antes? ¿Qué límite te parece más una cuestión de seguridad? ¿Cómo podrías apoyarte en este límite para adquirir fortaleza y confianza para enfrentar aquellos límites que pudieran resultarte más difíciles de mantener?

16

Por qué las dietas no funcionan

Yo tengo problema con los comerciales informativos. Los tengo. Me engañan y me hacen creer en eslóganes y actores pagados que dan testimonios falsos. Yo he comprado de todo. Desde limpiadores para cemento hasta polvo facial, de paños mágicos para limpiar a ollas para cocinar al vapor vegetales, y hasta una parrilla metálica que prácticamente prometía sacar la carne de mi refrigerador y cocinarla sin ningún esfuerzo de mi parte.

Sin embargo, ningún comercial capta tanto mi atención como aquellos de las dietas. Hacen grandes promesas con poco sacrificio: Tú también puedes usar una talla menos esta tarde. Y aunque mi cerebro me dice: «¡Eso es una estafa!», algo en mi corazón susurra: «Tal vez esto sí funcione».

Tal vez esto si me haga sentir realmente tan llena que pueda comer tres guisantes y media pechuga de pollo y quedar satisfecha hasta la cena. Tal vez esto sí bloquee cada partícula de grasa que consumo para que mi cuerpo no la absorba y eso me permita comer, comer y comer sin subir, subir y subir de peso.

Sin embargo, al final mi mente racional les ayuda a mis soñadoras papilas gustativas a colgar el teléfono, volver a meter la tarjeta de crédito en la cartera y hacer las paces con la realidad. No hay soluciones rápidas.

Pero tengo que concederles un mérito. Esta gente de los comerciales testimoniales es inteligente, porque ha buscado la manera de sacarle provecho al por qué del fracaso de las dietas. Nos cansamos de sacrificarnos y nuestro esfuerzo se desgasta.

Yo sé lo que se siente.

Yo no estoy a dieta

Precisamente hoy iba caminando por el aeropuerto de Chicago con algunas tajadas de manzana para merendar. Me sentía muy feliz con mis manzanas hasta que pasé junto a un olor que me sujetó por el cuello de la blusa, me miró a la cara y me dijo: «¿No sabes que puedo hacerte mucho más feliz?» Una tienda llamada Nuts on Clark acababa de sacar una nueva tanda de palomitas de maíz con caramelo.

A mí me encantan las palomitas de maíz con caramelo. Y fácilmente podía elaborar un razonamiento para comprar un poco. Esa marca no se consigue en Carolina del Norte. Podría ser el gusto especial que me diera en Chicago. ¿Cuánto daño podría hacerme consumir una bolsa de palomitas de maíz con caramelo? Había mucha gente comprándolas.

En verdad podría haber comprado las palomitas, comer unos cuantos puñados y guardar el resto para mis hijos, y no habría habido problemas con el pequeño fraude en mi dieta. El problema es que yo no estoy a dieta.

Las dietas a mí no me resultan. Parecería que puedo sacrificarme durante una temporada y que luego me canso. Llego al peso que quiero tener y entonces, poco a poco, voy regresando a los viejos hábitos. El peso vuelve y me siento un fracaso. Como dije, las dietas no me funcionan.

Así que no estoy a dieta. Estoy en una travesía con Jesús para aprender el arte del dominio propio con el propósito de alcanzar la santidad. Y hoy había decidido de antemano que merendaría manzanas, no palomitas de maíz con caramelo.

Decidir por anticipado lo que voy o no voy a comer resulta algo crucial en este viaje. También trato de planificar mis comidas justo después del desayuno, cuando me siento llena y satisfecha. Decidir de antemano mantiene mis pensamientos y mi planificación dentro de una racionalidad y enfocados en la dirección correcta. El peor momento para decidir lo que voy a comer es cuando espero a estar completamente vacía y con mucha hambre. En ese momento mi cuerpo pide a gritos algo rápido, y por lo general las cosas rápidas se presentan en toda una variedad de tentaciones dañinas.

No estoy a dieta. Estoy en una travesía con Jesús.

Esta es una perspectiva bíblica de la tentación: «Si ustedes piensan que están firmes, tengan cuidado de no caer. Las tentaciones que enfrentan en su vida no son distintas de las que otros atraviesan. Y Dios es fiel; no permitirá que la tentación sea mayor de lo que puedan soportar. Cuando sean tentados, él les mostrará una salida, para que puedan resistir» (1 Corintios 10:12–13, NTV). La salida que el Señor provee para mí es decidir de antemano cada día lo que comeré y lo que no comeré.

Esto tiene otro costado interesante. Pongamos estos versículos dentro de su contexto. El versículo 14 del mismo capítulo continúa diciendo: «Por tanto, mis queridos hermanos, huyan de la idolatría» (NVI). Este versículo apunta directamente a mis problemas personales con la comida y me dice: «Esta es precisamente la razón por la que esto tiene que ser una travesía espiritual y no una dieta temporal».

Esperar que cualquier otra cosa aparte de la voluntad de Dios nos satisfaga es idolatría. La nutrición, que es el propósito principal de la comida, significa consumir porciones adecuadas de opciones saludables que permitan a nuestros cuerpos funcionar adecuadamente. La idolatría, en el caso de la comida, significa consumir porciones dañinas y opciones no saludables porque creemos que nos lo merecemos o lo necesitamos para sentirnos mejor.

Escúchenme bien. No tenemos que huir de la comida. Necesitamos la comida. Pero tenemos que huir del control que la comida puede ejercer sobre nuestras vidas. Si huimos del patrón de idolatría con respecto a la comida y abandonamos nuestros patrones dañinos de dependencia de la comida para sentirnos mejor, podremos ver más claramente la salida que Dios promete ofrecer cuando somos tentadas.

Dos cuestionamientos innegables

A estas alturas del capítulo, al hablar de la sensación de merecer ciertos alimentos o necesitar darnos un gusto para seguir adelante, creo que corresponde hablar de dos problemas innegables.

Primer cuestionamiento: «Esta fiesta es mía y voy a comer pastel si quiero. No me digas que tengo que renunciar para siempre a darme un gusto».

No digo que tengamos que renunciar para siempre a darnos un gusto. Cuando yo me esforzaba por llegar a un peso saludable, renuncié a todo tipo de azúcares, carbohidratos y almidones durante una etapa. Al alcanzar ese peso, añadí de nuevo algunas cosas, pero lo hice con mucho cuidado. Nota las palabras *algunas* y *cuidado*.

No quiero decir que disfrutar de darnos esos gustos ocasionalmente sea malo. Después de alcanzar el peso buscado, si decidía por adelantado comer palomitas de maíz en el cine, entonces se trataría de una ración pequeña (sin mantequilla). Durante los días siguientes seguiría con más cuidado mi régimen de comer de manera saludable, y no añadiría el darme ningún otro gusto.

No puedo regresar a mis viejos hábitos, pensando que merezco darme un gusto especial todos los días. La realidad del fracaso de las dietas dice a las claras que volver a los viejos hábitos hará que regrese el peso que perdí.

Un estudio publicado por *Journal of the American Medical Association* [Revista de la Asociación Médica Norteamericana] comparó la pérdida de peso de 65 hombres y 358 mujeres, de pesos diferentes (todos considerados «obesos»), pero a los que se les asignó al azar dos dietas distintas. Después del primer año, la pérdida de peso promedio de uno de los programas fue de 9.5 libras, contra las menos de 3 libras del otro programa de autoayuda. Pero al llegar a los dos años, el participante promedio volvió a subir parte del peso perdido, así que la pérdida neta fue de 6.4 libras en uno y de media libra en el otro.

Aunque el equipo de investigadores llegó a la conclusión de que el primer programa había resultado «más eficaz» que el otro, no se necesita un diploma universitario para entender que el programa de dietas no produjo una pérdida de peso significativa y duradera. Esta es la primera prueba clínica real de lo que hemos dicho siempre: las dietas no son eficaces como estrategia a largo plazo para bajar de peso, en parte porque las personas vuelven a recuperar todo el peso que perdieron, o la mayor parte de él. Si los científicos hubieran hecho un seguimiento de sus pacientes durante otros tres años, nosotros (el equipo de investigadores) estamos seguros de que la recuperación del peso hubiera sido todavía más significativa.[10]

Aunque esta travesía no tiene que ver solo con bajar de peso, el peso es un indicador mensurable acerca de que estemos tomando decisiones saludables o no. Las estadísticas sobre el fracaso de las dietas demuestran lo que yo experimenté en mis intentos anteriores al procurar bajar de peso: que es verdaderamente difícil mantener un éxito prolongado en el tiempo. Lo que me lleva al segundo problema innegable.

> *No tenemos que huir de la comida. Pero tenemos que huir del control que la comida puede ejercer sobre nuestras vidas.*

Segundo cuestionamiento: «Esta no me parece una travesía espiritual sino un enfoque legalista en cuanto a la comida».

Por favor, escúchenme, porque les hablo desde el corazón. No escribo este libro para establecer reglas legalistas con relación a la comida. Escribo este libro como una invitación a considerar la libertad que encontramos cuando presentamos una de nuestras necesidades más básicas delante el Señor y le permitimos que nos guíe y nos guarde en esta área.

Sí, necesitamos un plan para comer en forma saludable, a lo que algunos se refieren como dieta. Pero necesitamos tener una profundidad en la manera de restringirnos que solo puede provenir de convertir esto en una trayectoria de crecimiento espiritual. Poner todas nuestras esperanzas en la observancia religiosa de una dieta diseñada por seres humanos puede crear una falsa seguridad en el esfuerzo propio, y llenarnos de orgullo por el trato duro dado al cuerpo, pero al final, por lo general, nos conduce al fracaso.

El apóstol Pablo trató este tema al escribir su carta a los Colosenses:

> Si con Cristo ustedes ya han muerto a los principios de este mundo, ¿por qué, como si todavía pertenecieran al mundo, se someten a preceptos tales como: «No tomes en tus manos, no pruebes, no toques»? Estos preceptos, basados en reglas y enseñanzas humanas, se refieren a cosas que van a desaparecer con el uso. Tienen sin duda apariencia de sabiduría, con su afectada piedad, falsa humildad y severo trato del cuerpo, pero de nada sirven frente a los apetitos de la naturaleza pecaminosa. (Colosenses 2:20–23)

Al comentar estos versículos el pastor Ray Steadman escribe:

> Un legalista mira la vida y dice: «Todo es malo, a menos que puedas demostrar con la Biblia que es correcto. Por lo tanto, no debemos tener nada que ver con ninguna cosa de la que la Biblia no diga que es buena». Eso reduce la vida a un rango de actividades muy estrecho. Pero el cristiano bíblico mira la vida y dice: «¡Todo es bueno! Dios nos ha dado un mundo para disfrutar y vivir. Todo es bueno a menos que la Biblia diga específicamente que es malo». Algunas cosas son malas, dañinas y peligrosas. El adulterio siempre es malo. Lo mismo que la fornicación. La promiscuidad sexual es mala. Decir mentiras y robar es malo. Esas cosas nunca son correctas. Pero hay muchas otras que están abiertas delante de nosotros. Si estamos dispuestos a obedecer a Dios en los aspectos que él considera dañinos y peligrosos, entonces tenemos el resto de la vida para andar en compañía de un Salvador que nos ama y que nos guía y guarda en nuestro andar con él.[11]

Me encanta especialmente esa última oración: *Si estamos dispuestos a obedecer a Dios en los aspectos que él considera dañinos y peligrosos,* (y aprendimos en el capítulo anterior que las conductas glotonas no solo son peligrosas sino pecaminosas) *entonces tenemos el resto de la vida para andar en compañía de un Salvador que nos ama y que nos guía y guarda en nuestro andar con él.*

Caminar en compañía de mi Salvador es en realidad lo que debo hacer para que este recorrido espiritual de comer en forma saludable tenga éxito y sea duradero. Es el componente que todas las dietas anteriores que he intentado no tenían. Hasta la comunidad médica está comenzando a entender el papel que juega el hacer que cualquier intento por perder peso y comer saludable sea un compromiso espiritual.

El Dr. Floyd Chilton, psicólogo y profesor de la Facultad de Medicina de la Universidad Wake Forest, lo dice así:

> Tu fuerza de voluntad está en una lucha constante con tus genes y con un medioambiente en el que se aprecia un exceso de calorías. A menudo tus mejores esfuerzos no pueden competir con tus genes y tu medioambiente, razón por la que tantas dietas

fracasan de manera miserable… La fuerza de voluntad por sí sola no resulta suficiente para producir un cambio; debes comenzar por entender que no puedes hacer esto solo. Si eres una persona de fe, usa esa relación para que te ayude a cambiar.[12]

Estoy completamente de acuerdo, Dr. Chilton. Dios nos creó y nos dijo que fuéramos fieles en el cuidado de los cuerpos que se nos han confiado. El Espíritu Santo nos da el poder para hacer un cambio duradero. Y Jesús nos guía con cariño y nos protege al andar con él cada día, cada momento, en cada decisión.

¡Y ese es un plan con una promesa que ningún comercial nos puede ofrecer jamás!

Preguntas para la reflexión

1. ¿Alguna vez te han engañado las promesas de algún comercial o de una dieta de moda? ¿Qué cosa de la dieta te atrajo más? ¿Garantizaba resultados rápidos? ¿Te prometía que podías comer lo que quisieras y aún así bajar de peso? ¿Te hizo pensar: *Tal vez, solo tal vez, esto sí funcione*? ¿Cómo te sentiste cuando no dio el resultado prometido y recuperaste el peso que habías perdido?

2. Lysa describe su experiencia con las dietas como el sacrificio de una temporada y luego la recuperación del peso cuando se cansaba de sacrificarse. En cambio dice que ahora está en «una travesía con Jesús para aprender el arte del dominio propio, con el propósito de lograr la santidad» (página 152). ¿Qué crees de esta distinción entre las dietas y una trayectoria con Jesús? ¿Cómo cambiarían tus decisiones sobre la comida y el comer en forma saludable si realmente pudieras verlas como parte de una travesía espiritual y no como una dieta? ¿Esta idea te parece posible o poco realista? ¿Por qué?

3. «Ustedes no han sufrido ninguna tentación que no sea común al género humano. Pero Dios es fiel, y no permitirá que ustedes sean tentados más allá de lo que puedan aguantar. Más bien, cuando

llegue la tentación, él les dará también una salida a fin de que puedan resistir» (1 Corintios 10:13). Esta es una promesa con la que muchos de los que crecimos en la iglesia estamos familiarizados, tal vez demasiado familiarizados. ¿En verdad crees profundamente que esta promesa se aplica a ti y a tus tentaciones con respecto a la comida? Para Lysa, la «salida» de Dios es planificar de antemano lo que va a comer. ¿Hasta qué punto te resulta difícil buscar una salida cuando la tentación te sorprende?

4. «La idolatría, en el caso de la comida, significa consumir porciones dañinas y elegir opciones no saludables porque creemos que nos lo merecemos o lo necesitamos para sentirnos mejor» (página 153). ¿Estás de acuerdo con esta definición? Si es así, ¿cuándo fue la última vez que cometiste idolatría con la comida? ¿Qué te impulsó a hacerlo? Si no, ¿crees que es posible hacer un ídolo de la comida? ¿Por qué o por qué no?

5. Existen dos problemas innegables cuando Lysa habla de la sensación de merecer ciertas comidas o de necesitar darse un gusto para seguir adelante:

- *Primer cuestionamiento:* «Esta fiesta es mía y voy a comer pastel si quiero. No me digas que tengo que renunciar para siempre a darme un gusto».

- *Segundo cuestionamiento:* «Esto no me parece una travesía espiritual sino un enfoque legalista en cuanto a la comida».

¿Con cual verdad te identificas más? ¿Crees que puedes darte algunos gustos de la manera en que acostumbras y aún así escoger en forma saludable? ¿Te resistes a la idea de considerar que tu batalla con la comida puede convertirse en una travesía espiritual liberadora? ¿Qué experiencias pasadas documentan tus puntos de vista?

La próxima elección que hagamos

Cada vez que alguien se entera de mi pérdida de peso y de mi plan para comer en forma saludable, inmediatamente me hace dos preguntas:

«¿Cómo lo lograste?», y

«¿Lo puedes mantener?».

Tal vez a lo largo de tu propia travesía la gente te haya hecho estas mismas preguntas.

Me imagino que lo que la gente quiere saber realmente es esto: *Si yo fuera a empezar un plan para comer en manera saludable, ¿qué tendría que sacrificar? Y si hago ese sacrificio durante un tiempo, ¿en algún momento podré volver a comer lo que quiera sin subir de peso?*

Ambas preguntas son muy válidas. Preguntas que yo me he hecho con respecto a todos los planes para comer en modo saludable que he probado. Sacrificarse durante una temporada no es divertido, pero sí posible. Nos lleva a encontrar los beneficios de la disciplina y parece alcanzable durante un tiempo breve.

Pero, ¿sacrificarnos hasta el punto de no desear nunca más aquello a lo que hemos renunciado? Bueno, eso lleva la disciplina a un nivel completamente nuevo. Un nivel en el que algunos pasarían unas cortas vacaciones pero pocos echarían raíces.

Hace poco tuve un debate fascinante acerca de la disciplina con tres pastores. La pregunta que se lanzó fue: «¿En verdad es sustentable la disciplina?». Uno rió entre dientes mientras se metía en la boca un segundo panecillo y dijo: «Está claro que en mi caso no». El segundo se recostó en su silla y expresó también sus dudas.

El tercero salió al cruce con un sí absoluto y le dio sustento bíblico a su respuesta rotunda.

Ese día yo no pude dar una respuesta. Teníamos un programa muy ajustado y nuestra conversación pasó a otros asuntos. Pero si hubiera podido dar mi respuesta, hubiera sido esta: no y sí.

No, no creo que con nuestra propia fuerza podamos mantener un nivel de disciplina que requiere un sacrificio verdadero durante un largo tiempo.

Con todo, mi respuesta es sí cuando uno tiene en cuenta una verdad espiritual determinante. Resulta fundamental establecer una relación entre mis disciplinas cotidianas con respecto a la comida y mi deseo de buscar la santidad. La santidad no solo tiene que ver con la vida espiritual, tiene mucho que ver con la vida física también.

Es bueno que como pueblo de Dios estemos en un lugar en el que experimentemos ansiedad, para que podamos sentir una ligera desesperación. Solo entonces estaremos lo suficientemente vacíos y lo suficientemente abiertos como para descubrir la santidad para la que fuimos creados. Cuando estamos repletos de otras cosas y nunca nos permitimos estar en un lugar en el que se nos despiertan anhelos, no reconocemos la batalla espiritual más profunda que se está desarrollando.

> *Necesitamos estar lo suficientemente vacíos y lo suficientemente abiertos como para descubrir la santidad para la que fuimos creados.*

Satanás quiere mantenernos distraídos con eso de ir en busca de una llenura temporal tras otra. Dios quiere que retrocedamos y dejemos que ocurra el proceso de vaciarnos hasta que comencemos a desear un enfoque más santo de vida. El hueco que hay entre nuestra frágil disciplina y la fortaleza de Dios, que está a nuestra disposición, se cruza solo con la simple decisión de nuestra parte de buscar esa santidad.

A cada momento tenemos la opción de vivir con nuestras propias fuerzas y arriesgarnos a fracasar o extender la mano y apropiarnos de la fortaleza inquebrantable de Dios. Y lo bello del asunto es que cuanto más dependemos de Dios, menos nos gustan las demás opciones.

La respuesta enfática del tercer pastor en cuanto a que la disciplina constante es posible, me planteó un desafío. Él dijo: «Dios nos manda ser santos. Entonces, hay que ser santos. No lo hubiera dicho si no fuera posible».

Como mencioné antes: «Resulta fundamental establecer una relación entre mis disciplinas cotidianas con respecto a la comida y mi deseo de buscar la santidad. La santidad no solo tiene que ver con la vida espiritual, tiene mucho que ver con la vida física también». Esta es una verdad que el apóstol Pablo afirmó al escribir: «Como tenemos estas promesas, queridos hermanos, purifiquémonos de todo lo que contamina el cuerpo y el espíritu, para completar en el temor de Dios la obra de nuestra santificación» (2 Corintios 7:1).

Santidad significa apartarse para una causa noble. La próxima elección que hagamos no tendrá que ver con comer o no papitas, galletitas o papas fritas cubiertas de chile y queso derretido. Será cuestión de considerar si vamos a alejarnos de esas cosas que no son beneficiosas para aquello para lo que fuimos creadas. Según la exhortación de Pablo: «Con respecto a la vida que antes llevaban, se les enseñó que debían quitarse el ropaje de la vieja naturaleza, la cual está corrompida por los deseos engañosos; ser renovados en la actitud de su mente; y ponerse el ropaje de la nueva naturaleza, creada a imagen de Dios, en verdadera justicia y santidad» (Efesios 4:22-24).

Fuimos creados para ser representantes de Dios al vivir en forma expresa el mensaje de Dios en nuestras vidas cotidianas. Pero voy a ser sincera: lo último que quiero hacer cuando vivo en un estado de derrota con respecto a mis problemas con la comida es alcanzar a otras personas. No quiero ser «renovada en la actitud de mi mente», ni quiero «ponerme el ropaje de la nueva naturaleza creada a imagen de Dios en verdadera justicia y santidad».

Quiero llorar.

Quiero retirarme.

Quiero sentir celos de otros porque ellos no tienen mis problemas.

Quiero enojarme con Dios por darme este metabolismo.

Quiero que mi próxima elección sea de muchas calorías, frita en grasa y cubierta con algo que haga felices a mis papilas gustativas.

Quiero victoria, pero me siento muy débil.

Esto no refleja para nada a alguien que ha conquistado su problema con la comida, ¿verdad? La realidad es que, incluso cuando nos subimos a la balanza y comprobamos el peso que queríamos lograr, siempre estamos a una elección de revertir todo el progreso realizado. No quiero decir que la victoria sea imposible, pero la victoria no es un punto al que llegamos y luego nos relajamos allí. Victoria es escoger algo saludable en lugar de algo poco beneficioso. Y mantener esa victoria con cada próxima elección.

Consideremos la perspectiva bíblica que nos da el apóstol Pablo: «Hablo en términos humanos, por las limitaciones de su naturaleza humana. Antes ofrecían ustedes los miembros de su cuerpo para servir a la impureza, que lleva más y más a la maldad; ofrézcanlos ahora para servir a la justicia que lleva a la santidad» (Romanos 6:19). En realidad la próxima elección que hagamos no tiene que ver con la comida ni con el peso ni con los sentimientos negativos que arrastramos cuando escogemos mal. Tiene que ver con asumir una postura que nos permita llevar un tipo de vida que honre a Dios, vida en la que, con la fortaleza de Dios, la disciplina constante resulta posible.

Entonces, ¿cómo se obtiene la fortaleza de Dios? Sin duda que con la oración. Por supuesto, leyendo la Biblia. Hemos hablado un poquito de ambas cosas a lo largo de este libro. Pero hay algo más. Llegar al punto en que nuestra falta de fuerzas nos fastidie.

Encontramos ese lugar cuando llegamos al final de nuestras excusas y racionalizaciones. Lo hallamos cuando nuestros esfuerzos fracasan una y otra vez. Cuando tenemos la humildad de reconocer: «Necesito que Dios me incomode».

Yo llegué a ese punto el día de año nuevo de 2009 mientras pensaba con impertinencia en mis decisiones para año nuevo. Como la mayoría de las personas, las libras acumuladas durante las fiestas hacían que la ropa me quedara apretada e incómoda. Otra vez. Y esa era mi ropa de talla grande. Durante muchos años había prometido esforzarme más y allí estaba otra vez, derrotada. No quería escribir una lista cualquiera que acabara abandonando, arrugada, en el fondo de mi cartera, y que al final usara para envolver un pedazo de chicle masticado.

Pero quería hacer algo. Necesitaba hacer algo. Así que, en lugar de una lista, escribí el clamor de mi corazón en un artículo de mi blog al que titulé: «Incomódame».

Incomódame.

Esa es la palabra que retumba hoy en mi cabeza. Casi quisiera que fuera una oración más sofisticada. Seguro que podrían encontrarse palabras más elocuentes para lo que me siento guiada a buscar durante este nuevo año.

Pero esa es la palabra y esta es la oración para mi año 2009.

Lo curioso es que me he pasado toda la vida tratando de encontrar un lugar en el que establecerme. Personas junto a las cuales afincarme. Y un espíritu a mi alrededor que amerite todo este «sentar cabeza».

Y todo eso es bueno. Un corazón contento, agradecido por las bendiciones recibidas es una buena manera de sentar cabeza.

Pero hay aspectos de mi vida que también se han arraigado de manera tal que se burlan de mis deseos de ser una mujer de Dios. Concesiones, si así lo prefieres.

Actitudes que he envuelto con una mentira: «Bueno, yo soy así. Y si eso es todo lo malo que tengo, estoy bastante bien».

Te desafío, alma querida, a observar la evidencia sombría de un espíritu manchado y de un corazón que necesita ser puesto bajo el microscopio de la Palabra de Dios.

Sí, Señor, sí, incomódame.

Desentierra ese remanente de falta de perdón.

Sacude mi justificación a las concesiones.

Revela esos fragmentos de orgullo.

Saca a la luz esa tendencia a la desconfianza.

Incomódame de la mejor manera. Porque cuando yo permito que tu toque llegue a las partes más profundas de mí, oscuras, sucias y escondidas desde hace mucho tiempo, de pronto un viento fresco de vida comienza a soplar y danzar dentro de mi alma.

Puedo deleitarme en el perdón y amar más profundamente.

Puedo descubrir una disciplina oculta precisamente más allá de lo que yo puedo hacer y entonces asirme de la fortaleza de Dios para salvar esa distancia.

Puedo reconocer la belleza de la humildad y anhelar la intimidad con Dios que esta produce.

Puedo estar tranquila, porque aunque soplen vientos fuertes, alguien me sostendrá.

Adiós a mis remanentes, a mis racionalizaciones, a mis fragmentos y a mis tendencias. Esta que soy, no soy yo, ni la persona que Dios me creó para ser.

Adiós al amor superficial, a las palabras hirientes, a la auto compasión y a los temores y recelos. Soy una mujer que ha sido incomodada y ya no quiere ser parte de las distracciones o destrucción que ellos producen.

Bienvenido ese amor más profundo, esas posibilidades nuevas, esa intimidad que se ha desencadenado y la certeza de que soy contenida.

Bienvenido corazón incómodo.

Bienvenido 2009.

Tuve que decidir que quería vivir en un lugar de disciplina constante y elegir no ver eso como una maldición. Más bien verlo como algo bueno, algo que podía abrazar. Luego de la siguiente buena elección, comprobé el poder que tenía esa posibilidad y comencé a extenderme hacia adelante desde allí.

Robin está en el proceso de extenderse hacia adelante desde un punto en el que tiene dudas de su disciplina. Me encanta lo que ella me escribió en un correo electrónico:

Después de leer tu artículo de hace unos días me animé a no volver a comer dulces. Lo hice durante tres meses con la esperanza de ser liberada en ese corto período. Pero me tomó toda una vida llegar a estar como estoy. Entonces, ¿quién soy yo para ponerle límites de tiempo a Dios? Tu correo electrónico, junto con lo que me dijo mi hijo de quince años hace unas semanas, continuó dando vueltas dentro de mí. Él dijo algo como que *si tienes diabetes, no dejas de tomar la medicina solo porque te sientas mejor*. Entonces, ¿por qué habría de volver a comer de manera poco saludable solo porque me siento mejor? Me falta mucho por recorrer, pero sé que esta será una liberación que cambie mi vida y me libre de comer por un impulso emocional. Tendré que lidiar con el problema en lugar de resolverlo comiendo todo el tiempo.

Me encanta el reconocimiento sincero al final del correo electrónico de Robin, en el que señala que tendrá que lidiar con el problema en lugar de «resolverlo comiendo todo el tiempo». ¿Recuerdas que al comienzo de este libro hablamos de las ansias? Aunque hemos hecho un progreso significativo durante nuestra trayectoria, las ansias y los deseos de resolver los problemas comiendo constantemente nos seguirán atacando.

Ansiar significa anhelar; querer algo intensamente; desear con ansiedad. Buscar la santidad significa que Dios es el único al que debemos anhelar, querer intensamente, desear con ansiedad. Él es el único digno de adoración.

A lo largo de mi trayectoria he leído mucho los Salmos, escrituras que ilustran de manera bella por qué el adorar a Dios es aquello para lo que fuimos creados. No estoy segura de haber estudiado antes ese libro con tantos deseos de comprender mejor a mi Señor. La páginas de los Salmos en mi Biblia ahora están llenas de versículos subrayados, notas, pensamientos, signos de exclamación, flechas y expresiones de asombro.

Uno de esos momentos de revelación llegó mientras leía el Salmo 78:

Dios hizo milagros —versículo 12.
Dividió el mar y guió al pueblo a través de él —versículo 13.
Los guió —versículo 14.
Hizo brotar agua de lugares áridos —versículos 15–16.
Les dio a los israelitas todo lo que necesitaban, pero ellos lo olvidaron.
Siguieron pecando contra él, se rebelaron en el desierto contra el Altísimo. Voluntariamente pusieron a Dios a prueba al exigir la comida que se les antojaba. Cuando el Señor los oyó, se enojó mucho —versículos 17–18, 21.

Supongo que la razón por la que esto me ha llegado tanto es porque trata específicamente sobre los deseos inapropiados y la realidad de cómo se siente Dios al respecto. Y respondió muchas preguntas referidas a por qué esta travesía ha resultado ser una parte tan fundamental de mi crecimiento espiritual.

Mi oración de año nuevo fue: «Incomódame». Es decir, sacude mis excusas complacientes para conmigo misma y quiebra mi testarudez que se rehúsa a ver, ver realmente, aquello que aleja mi corazón de ti, Dios. Hasta los más fuertes tienen momentos de debilidad.

Entonces… ¿hay algo más que yo ansíe aparte de Dios?

Sé que algunos pueden menear la cabeza pensando que yo me tomo demasiado en serio todo este asunto acerca de Dios.

Y yo tendría que estar de acuerdo por completo. He probado la satisfacción profunda que se encuentra en Dios y sé que todas las demás cosas son una imitación barata. Y no quiero apasionarme por cosas inferiores que solo causan un placer momentáneo.

Soy una mujer que ha presenciado demasiadas cosas. Estoy arruinada para siempre.

También he visto a Dios obrar milagros.

He pasado por lo imposible.

Él me ha guiado.

Él ha hecho brotar agua viva para reemplazar mis secadales.

Él me lo ha dado todo y yo no quiero olvidar eso.

Ni en mi mente, ni en mi alma, ni en mi corazón y ciertamente tampoco en mi cuerpo.

Así que he tomado la decisión de entrar a un lugar de sacrificio deliberado. Un lugar en el que mi fortaleza podría fallar, debería fallar, pero no lo ha hecho. «Podrán desfallecer mi cuerpo y mi espíritu, pero Dios fortalece mi corazón; él es mi herencia eterna» (Salmo 73:26).

> He probado la satisfacción profunda que se encuentra en Dios y sé que todas las demás cosas son una imitación barata.

Veintiséis libras, veinticinco pulgadas…y un corazón fortalecido solo por el poder de Dios. He vivido este versículo al buscar que él me incomodara, para ser santa, humilde y llena: «Te humilló y te hizo pasar hambre, pero luego te alimentó con maná, comida que ni tú ni tus antepasados habían conocido, con lo que te enseñó que no sólo de pan vive el hombre, sino de todo lo que sale de la boca del SEÑOR» (Deuteronomio 8:3).

Y no quiero que acabe esta travesía espiritual y las victorias físicas que he experimentado. Así que la próxima elección que haga será crucial. Determinará, literalmente, si estoy yendo por el camino de la victoria o por el de las concesiones. Una elección sabia puede llevar a dos, a tres, a mil; al dulce lugar de la completa dependencia de Dios y a una disciplina duradera. Un lugar que merece más que tomarse unas cortas vacaciones de vez en cuando. Un lugar al que nuestras almas llamarán hogar.

Un lugar en el que la disciplina forma discípulos que entienden de verdad lo que significa deleitarse en el Señor. Porque al Señor se le ha permitido rescribir los deseos de sus corazones. Es un lugar que no está hecho de sacrificios laboriosos sino más bien un sitio en el que ellos ven las opciones saludables como bendiciones sobreabundantes, tan puras y ricas que nunca las cambiarían por otra cosa.

Por nada.

En especialmente no por aquellas sin las que una vez pensaron que no podrían vivir.

> *Una elección sabia puede llevar a dos, a tres, a mil; al dulce lugar de la completa dependencia de Dios y a una disciplina duradera.*

Entonces, ¿es posible la disciplina constante? Tú me dirás. La respuesta está justo en la próxima elección que hagas.

Preguntas para reflexionar

1. Si hubieras estado en la habitación con los tres pastores que Lysa describe al comienzo del capítulo, ¿cómo habrías respondido a la pregunta: «¿En verdad se puede mantener la disciplina?».

2. Lysa señala la relación fundamental que existe entre la santidad (el estar separado para un uso noble) y las disciplinas cotidianas referidas a la comida (página 160). ¿Cómo interpretas la relación entre lo que eliges para comer y tu capacidad para ponerte «el ropaje de la nueva naturaleza, creada a imagen de Dios en verdadera justicia y santidad» (Efesios 4:24)?

3. «En realidad la próxima elección que hagamos no tiene que ver con la comida... Tiene que ver con asumir una postura que nos permita llevar un tipo de vida que honre a Dios, vida en la que, con la fortaleza de Dios, la disciplina constante resulta posible» (página 161). ¿Esta idea te anima o te asusta? ¿Por qué?

4. Vuelve a leer la oración de Lysa «Incomódame» (página 163). ¿Es una oración que te sientes lista para hacer por ti misma? ¿Qué temores tendrías en cuanto a hacer esta oración? ¿Qué te emociona en lo que se refiere a las posibilidades de esta oración para tu vida?

5. «Una elección sabia puede llevar a dos, a tres, a mil; al dulce lugar de completa dependencia de Dios y a una disciplina duradera» (páginas 166–167). ¿Valoras tus pequeñas elecciones cotidianas en cuanto a la comida o crees que realmente no importan tanto? ¿Cuán diferente podría ser tu vida si pudieras alcanzar una dependencia completa de Dios y una disciplina duradera? ¿Qué beneficios disfrutarías más?

18

Algunas cosas se pierden pero se ganan otras mejores

Terminamos el capítulo anterior con la comprensión de que la próxima elección que hagamos es de suma importancia. Esta es una importante perspectiva mental que se debe tener en cuenta. Pero también hay una perspectiva espiritual que debemos mantener firme. La perspectiva de que tendremos que alejarnos de algunos alimentos para siempre. Este giro es en parte un sacrificio valiente y en parte un completo arrepentimiento. Y aunque las palabras *sacrificio* y *arrepentimiento* solían resultar adversas y amargas a mi alma, ahora me hablan de otra cosa. De algo que sinceramente he llegado a amar: de victoria.

Pero la victoria no permanece por mucho tiempo si empiezo a resistir y sentir aversión por sus requisitos esenciales de sacrificio y arrepentimiento.

He llegado al peso que deseaba y ese es el lugar más peligroso para mantener una historia de éxito con las dietas. Llegar a mi peso deseado es una bendición que conlleva una maldición. La maldición es suponer que la libertad ahora implica regresar a todas esas cosas a las que había renunciado en los últimos meses. Los sacrificios. Los gustos pasados por alto. Las papilas gustativas que sufrieron privación con mucha ensalada y pocas papas fritas.

Es hora de celebrar, de festejarlo, y de darles la bienvenida a todos esos alimentos que hemos extrañado tanto, ¿no es cierto? Pero no podemos darle la bienvenida a toda esa comida que extrañamos sin acoger también a las calorías, a los gramos de grasa, al colesterol, a los azúcares y a los aditivos adictivos (comida chatarra). Lo interesante de estos «invitados» es que mandan señales al cerebro suplicándonos que hagamos fiesta con ellos una y otra vez. Una pequeña fiesta de bienvenida se convierte en una invitación a ser compañeros de cuarto, lo que se convierte en un desastre para lo que esperábamos que fueran cambios de estilo de vida.

Llegar al peso deseado es una bendición que conlleva una maldición.

Por supuesto, no todos los saboteadores de las dietas son comida chatarra; pero en mi caso, incluso las pequeñas concesiones con respecto a ellas, hechas ante deseos no saludables, pueden ocasionar un revés completo a todo mi progreso. Y eso ya no es solo una revelación personal; la ciencia lo demuestra. En un estudio publicado recientemente por *Science News* los investigadores descubrieron que la comida chatarra resulta adictiva para las ratas de laboratorio de un modo que se puede medir:

> Después de solo cinco días de una dieta de comida chatarra, las ratas mostraron «reducciones profundas» de la sensibilidad de los centros de placer de sus cerebros, lo que sugiere que los animales se habituaron rápidamente a la comida. Por lo tanto, las ratas comían más comida para obtener la misma cantidad de placer. Así como los adictos a la heroína necesitan cada vez más droga para sentirse bien, las ratas necesitaban cada vez más comida chatarra. «Pierden el control» dice [uno de los investigadores]. «Ese es el sello de una adicción».[13]

Otros estudios a los que accedí hablaban del efecto que tienen ciertas comidas azucaradas y comida chatarra de disminuir la capacidad del cuerpo de sentirse lleno. Estos estudios eran complicados y llenos de términos químicos y matemáticos que me hicieron sudar. Mi cerebro está hecho para unir palabras, no ecuaciones químicas, así que no quiero profundizar en ciencias elevadas. Sin embargo, me resulta fascinante ver que los investigadores demuestran a través de la química algo a lo que yo sencillamente llamo «difícil».

Es realmente difícil para una chica de papitas y chocolate no invitar a su fiesta a estos alimentos que han sido asistentes habituales durante años. Y todavía más difícil reconciliarse con el hecho de que no son mis amigos. Algunos pueden ser conocidos casuales, en un nivel muy elemental, pero necesitamos que otros desaparezcan para siempre.

Solo tú puedes determinar cuál es cuál. Hay un versículo que hemos mencionado antes en esta travesía nuestra pero vale la pena repetirlo aquí (es un versículo en el que pienso a menudo, al que cito y trato de vivir): «"Todo me está permitido, pero no todo es para mi bien [...] no dejaré que nada me domine"» (1 Corintios 6:12). Es interesante que la mayoría de las personas solo asocian este versículo con los pecados sexuales. Sin embargo, el versículo siguiente habla de la comida: «"Los alimentos son para el estómago y el estómago para los alimentos"; así es, y Dios los destruirá a ambos» (6:13). ¡Mira si hay cosas que hacen que una mujer se asombre! El comentario de mi Biblia señala en cuanto a estos versículos: «Algunas acciones no son pecaminosas en sí mismas pero tampoco son adecuadas porque pueden controlar nuestras vidas y alejarnos de Dios».[14]

La comida no es el enemigo aquí. Satanás es el enemigo. Y su plan estratégico es volvernos ineficaces o al menos más flojos para la causa de Cristo. Cuando hemos sido derrotados y nos quedamos atascados en problemas de la carne resulta realmente difícil seguir a Dios de una manera completa y apasionada. Entonces, a menos que empecemos a lamentarnos por lo que perderemos, debemos celebrar todo lo que se gana en este proceso.

¿Y si toda esta trayectoria para llegar a ser saludables pudiera tratarse más de aquello que estamos en proceso de ganar que de lo que pudiéramos perder? En medio de la pérdida de papitas y chocolate, hay otras cosas que se ganarán. Cosas que liberan mi alma abrumada, que vuelven a darle ánimo a mi actitud derrotista y sueltan a volar la esperanza de que tal vez (solo tal vez) yo *pueda lograrlo*.

¿Y si toda esta trayectoria para llegar a ser saludables pudiera tratarse más de aquello que estamos en proceso de ganar que de lo que pudiéramos perder?

Decir «yo puedo» es un giro pequeño pero poderoso para una mujer que se experimenta una carencia. El «yo puedo» me ayuda a llegar a la fiesta de mi amiga y descubrir que la conversación me atrae más que la comida. El «yo puedo» me ayuda a permanecer en el perímetro del supermercado en el que abundan una selección de comidas más frescas y saludables, y a sonreír porque estoy consciente de ello.

"Yo puedo" me ayuda a tomar una botella de agua y encontrar satisfacción en su frescor. "Yo puedo" me ayuda a analizar el menú de McDonald's y pedir una bandeja con frutas sin siquiera pensar en las Cajitas Felices que solía «despacharme». "Yo puedo" me recuerda que debo buscar la información nutricional de un restaurante en Internet antes de ir y así asegurarme de estar eligiendo las opciones más sabias. 'Yo puedo' me recuerda que ninguna comida sabrá tan bien como la victoria.

Hoy en mi almuerzo dejé la mayor parte del panecillo que venía junto con mi plato fuerte, una ensalada. Y la mayoría de las mamás quedarían boquiabiertas y dirían: «¿Cómo pudiste desechar una comida perfectamente buena?». Créeme, si hubiera podido dárselo a alguien que lo necesitara, lo hubiera hecho sin pensarlo. Pero en ese momento, lo mejor para mí era echar el resto de ese panecillo a la basura. Yo había arrancado un pedacito, lo disfruté inmensamente y decidí que comerme le resto hubiera sido un exceso. Y mientras lo arrojaba, sonreí y me dije a mí misma: «Esto no es una señal de que me estoy privando. No se trata de algo que me lleva a hacer un mohín y decir que no es justo. Es un sacrificio que estoy dispuesta a hacer para ganar algo mucho más grande que el resto de este panecillo. ¡Esto es lo más poderoso que puedo hacer en este momento!». Yo puedo. Y lo hice.

Una bloguera amiga, Anne Jackson, escribió un artículo revelador sobre su travesía para bajar de peso cuando llegó a la conclusión temprana de que hay más cosas que ganar que solo el bajar de peso. Y debo decir que esa última oración me hizo sonreír. Ganar para perder. Perder para ganar. ¿Soy yo la única que sonríe con cosas así?

En fin, volviendo a Anne. Después de su primer mes de hacer ejercicios y comer en forma saludable, Anne esperaba grandes resultados. Pero la balanza se burló de ella y le hizo desear decir «palabras» entre dientes. Pero la manera en que procesó su lucha y la conclusión a la que llegó me inspiran a seguir en mi trayectoria. Anne escribió:

> *¡No confíes en tu balanza!* Una de las cosas que Brandon [su entrenador] me dijo es que la mayoría de las personas intentarán hacer ejercicio y comer mejor durante un mes, aproximadamente.

Y si no notan una diferencia de peso importante en la balanza, se rendirán.

La verdad es que si uno no ve una gran diferencia en la balanza durante el primer mes, eso no significa mucho. La balanza me dijo: «Todo este esfuerzo y solo has bajado una libra», y si yo le hubiera creído, me habría rendido.

No creas ni lo que la balanza dice ni lo que no dice. Confía en el esfuerzo que estás realizando para llegar a ser saludable. ¡Y sigue adelante!

No solo ocurren cambios en tu cuerpo, que tú no puedes ver, también ocurren cambios en tu espíritu, en tu disciplina, en tu valor y en tu fuerza de voluntad. ¡Sigue adelante![15]

Ya sea que estemos en el comienzo de nuestra travesía, en el medio, o en la zona peligrosa, habiendo alcanzado la meta de bajar de peso, no podemos seguir con la mentalidad de que ese es un sacrifico duro e imposible. Concentrarnos solamente en aquello a lo que hemos renunciado nos hará sentir una carencia constantemente. Y el sentirnos privadas de cosas nos llevará a la desesperación, a la frustración y al fracaso. En lugar de eso, tenemos que concentrarnos en todo lo que estamos ganando durante este proceso. Yo veo que las ganancias son más valiosas que las pérdidas.

Piensa en una balanza antigua. En un platillo coloco mis galletas y el chocolate, y en el otro pongo el valor que acabo de encontrar para decir «yo puedo». No hay comparación. Mi valentía es mucho más valiosa y bella, me da fortaleza y es duradera.

Las papitas y el chocolate me llenan la boca por unos pocos segundos con un deleite salado o azucarado que no tiene vida. Pero la valentía llena mi corazón, mi mente y mi alma con todo lo vivo, lo posible y lo vivificador.

Y la valentía me invita a dar uno de los pasos más difíciles en una trayectoria como esta. La valentía me dice: *Ahora que ya has dejado parcialmente tus viejos hábitos al hacer los sacrificios necesarios, ha llegado el momento de volcarte por completo al arrepentimiento. Da los pasos que te llevan al «arrepentimiento» y reconoce tu necesidad de quedarte ahí por un tiempo.* De todas las cosas que se pierden y se ganan, la valentía para arrepentirme podría ser la más significativa para mí.

Supongo que realmente no había pensado en la necesidad de arrepentirme hasta hace poco. Estoy terminando de escribir este libro en medio de las festividades navideñas. Así que por favor discúlpame si estás leyendo esto en el verano y te sientes muy lejos de todo lo rojo, lo verde, las luces, el brillo y los cascabeles.

Me senté hoy a pasar unos minutos con mi Biblia y decidí leer la historia de la Navidad en Marcos. No recordaba haber leído la historia de la Navidad en ese evangelio, así que se me ocurrió probarlo.

Bueno, al parecer a Marcos le gustaba ir al grano.

No habla del pesebre. Ni de José y María. No hay niño Jesús. Ni estrella brillante, ni ángeles, ni huestes celestiales. Ni noche de paz. Ni noche de amor. De hecho, si Marcos fuera el único evangelio en el que se mencionara la entrada de Jesús a este mundo, la Navidad sería muy diferente.

No habría regalos.

No habría luces que brillaran con esplendor.

Entonces, ¿qué habría? Un hombre de apariencia salvaje, llamado Juan el Bautista, vestido con ropas de cuero y pelo de camello, que preparaba el camino de Jesús al predicar su mensaje. Un mensaje que no es el que normalmente escuchamos en Navidad. Un mensaje un poco áspero y duro de tragar, como mis palitos de zanahoria. Palitos de zanahoria que, tal y como dije al comienzo de este libro, todavía no me apetecen.

> De todas las cosas que se pierden y se ganan, la valentía para arrepentirme podría ser la más significativa para mí.

Pero volvamos al mensaje áspero de Navidad que encontramos en Marcos.

Arrepentimiento.

Esa palabra resume el comienzo de la historia de Cristo según Marcos. «Así se presentó Juan, bautizando en el desierto y predicando el bautismo de arrepentimiento para el perdón de pecados. Toda la gente de la región de Judea y de la ciudad de Jerusalén acudía a él. Cuando confesaban sus pecados, él los bautizaba en el río Jordán» (Marcos 1:4–5).

Esta es la parte del sermón en la que yo empiezo a anhelar que algunas personas que conozco estén realmente prestando atención. Me subo a mi caballo mental y pienso: «Gracias, Señor, por este mensaje que todas estas personas necesitan escuchar porque tú sabes cómo actúan. Sabes lo egoístas que son. ¡Vaya! Y tú sabes que fulana necesita una visitación para experimentar un arrepentimiento completo. ¡Misericordia!».

Es en ese momento que Jesús me susurra. *Es un mensaje para ti y solo para ti. Tú necesitas este mensaje, Lysa. Te estoy llamando a arrepentirte. Esa es la manera en que necesitas preparar tu corazón para la Navidad este año.*«Yo estoy por enviar a mi mensajero delante de ti, el cual preparará tu camino. Voz de uno que grita en el desierto: "Preparen el camino del Señor, háganle sendas derechas"» (Marcos 1:2–3).

Es para la chica que puede ser un desastre total.

Ella escucha al mensajero que llama al arrepentimiento.

Así que no hace de la Navidad la misma historia de siempre sino un mensaje dirigido al corazón.

Y ella susurra entonces: «Lo siento, Jesús. Perdóname. Sáname. Restáurame. Por esas mismas cosas por las que pongo excusas. Por esas mismas cosas que me hacen errar. Por el orgullo que me lleva a pensar que la culpa la tiene otra persona. Por las ocupaciones que hacen que me olvide de detenerme y considerar mi forma de andar, mis pensamientos, mis acciones. Tú, Mesías, eres lo mejor para salvarme del desastre».

Dudo que esta sea la versión más popular de la historia de Navidad, pero para mí este año es perfecta. Es un lugar perfecto para que la chica que solía vivir de papitas y chocolate termine esta parte de su travesía. Pero no la considero completa como quien dice: «Terminé». Sino más bien como quien declara: «Ahora estoy perfectamente preparada para seguir adelante».

Ciertamente para mí este ha sido el mejor de los viajes espirituales de mi vida. Un recorrido espiritual significativo con grandes beneficios físicos. He aprendido muchísimo. Pero probablemente una de las lecciones más sustanciosas haya sido comprender la cantidad de energía mental y espiritual que perdí durante años solo deseando que las cosas cambiaran. Y al mismo tiempo condenándome a mí misma por no tener la disciplina para hacer esos cambios.

Si tienes un problema con el peso y la comida, sabes a lo que me refiero. Pero independientemente de cuál sea el problema con que estés lidiando ahora, ¿te puedo dar un poquito de ánimo? Jesús quiere ayudarte con ese problema. De verdad que sí, pero tienes que dejar de

Qué peligroso es comparar el conocimiento íntimo de nuestras imperfecciones con la envoltura externa de los demás.

condenarte, decidir aceptar su conducción y llegar al lugar del arrepentimiento.

Nos gusta identificar nuestras fallas, transformarlas en un garrote, y mentalmente molernos a palos. Una y otra vez. Nos ponemos una etiqueta y pronto perdemos nuestra verdadera identidad, cambiándola por esa fragilidad golpeada y magullada a la que llamamos «yo».

Nos comparamos, suponemos, evaluamos, medimos, y la mayoría de las veces nos vamos meneando la cabeza ante lo pequeño que es nuestro «yo» comparado con todos los demás. Qué peligroso es comparar el conocimiento íntimo de nuestras imperfecciones con la envoltura externa de los demás.

Si hay algo que he aprendido al vivir cuarenta años es esto: todas las mujeres de Dios tienen problemas. Todas nosotras. Cada una de nosotras. Arrastramos un cubo lleno de problemas. Es probable que mi cubo de problemas sea diferente del tuyo, pero existe de todas maneras.

Ahora escúchame bien.

No digo que la victoria no sea posible. Lo es.

Yo puedo elegir identificar mis defectos y en lugar de usarlos en mi contra, entregárselos a Jesús y dejar que él cincele mis partes ásperas. La manera en que cincela Jesús, llena de gracia, es muy diferente de la manera en que yo me condeno a mí misma. Mi actitud condenatoria está plagada de mentiras y exageraciones que me abaten. El cincel de Jesús está lleno de una verdad liberadora.

¡Oh, qué diferencia!

Jesús no compara.

Jesús no condena.

Jesús no exagera.

Él sencillamente dice: «Oye, yo te amo. Así como eres. Pero te amo demasiado como para dejarte atascada ahí. Así que alejémonos por completo de esas cosas que no te benefician».

Me gusta eso de Jesús.

Me gusta mucho.

Me gusta más que las papitas. Me gusta más que el chocolate.

Amado Jesús:

Por fin he encontrado el valor para admitir que he deseado más la comida que a ti. He llorado por renunciar a la comida, sin pensar casi en que tú diste tu vida por mi libertad. He estado encerrada en mis propios sentimientos de impotencia. He estado enojada por tener que lidiar con este problema del peso y me he enojado contigo por permitir que esto me tocara en la vida. He puesto excusas. He señalado. He dependido de la comida, esperando de ella lo que nunca podría darme. Me he mentido a mí misma sobre las realidades que tienen que ver mi aumento de peso. Me he acomodado, me he excusado y he hecho comentarios sentenciosos para justificar mis problemas. El pan con mantequilla me ha embelesado, mientras que bostezo con tu pan diario.

Siento mucho todo eso. No son cosas sin importancia. Todo eso, para mí es pecado; es errar al blanco y perder lo mejor de ti para mi vida. Me arrepiento con todo mi corazón, mi mente y mi alma. Me levanto y miro la realidad de mi depravación y me arrepiento. Me arrepiento de mi mentalidad de dieta. Le doy la espalda a aquello a lo que debo renunciar y ya no lloro más. Quito el pie que le mantiene abierta la puerta a mis viejos hábitos y patrones de conducta, a mi antigua mentalidad y a las frases recurrentes.

Escojo la libertad. Escojo la victoria. Escojo el valor. Y sí, sobre toda otra cosa, te escojo a ti.

Amén.

Preguntas para la reflexión

1. «"Todo me está permitido"», pero no todo es para mi bien. «"Todo me está permitido"», pero no dejaré que nada me domine (1 Corintios 6:12). Cuando se trata de comer de forma saludable, ¿qué cosas son permisibles pero no beneficiosas? ¿Hay algo permisible que de cualquier manera podría tener el potencial de dominarte? ¿Cómo te sientes ante la idea de tener que evitar algunos alimentos para siempre?

2. «Yo puedo» es una declaración poderosa para alguien que se siente privada de algo. ¿De qué manera puedes incorporar estas dos palabras pequeñitas pero poderosas en tu travesía de comer de un modo saludable?

3. Piensa en una balanza de las antiguas, las que tenían una bandeja de cada lado que actuaban como contrapeso una de la otra. Imagina que pones en una de las bandejas todas las cosas a las que tienes que renunciar y en la otra las cosas que has ganado y seguirás ganando. ¿Qué plato tiene más peso e importancia para ti?

4. «Nos gusta identificar nuestras fallas, convertirlas en un garrote, y mentalmente molernos a palos» (página 176). ¿De qué maneras te has identificado con tus faltas y condenado por ellas? En lugar de castigarte, ¿puedes imaginar entregarle esas cosas a Jesús y pedirle que las quite de ti con su cincel? ¿De qué modo la verdad de su compasión puede liberarte de tus faltas de una manera en que no puede hacerlo la condenación propia?

Vivir como una vencedora

Estaba haciendo la fila para pagar en el supermercado la semana pasada y contemplaba la cantidad de estantes de revistas que me bombardeaban con promesas referidas a la última dieta de moda. Eso es algo muy raro. De veras. La tienda quiere que compremos mucha comida, especialmente la comida chatarra que deja tanta ganancia. Pero mientras pagamos la comida, la misma tienda nos muestra revistas llenas de modelos que obviamente no pasan mucho tiempo comiendo las recetas de Paula Dean.

Todas las modelos vienen en una versión delgada que yo nunca conoceré. Sus piernas son delgadas, bellas y musculosas. Sus muslos han logrado evitar la invasión de la celulitis que yo he conocido desde que estaba en la escuela secundaria. Sus vientres se ven completamente planos. Y lucen despampanantes con esa ropa diseñada para aquellas que no tienen ninguna parte de su cuerpo que esconder.

O tal vez las fajas de ellas funcionen mejor que la mía y el artista gráfico que pintó con aerógrafo las tomas que les hicieron para la cubierta fue increíblemente generoso.

De cualquier manera, yo estaba parada ahí y por primera vez me di cuenta de que en mi mente no se agolpaban ideas de condenación. Simplemente sonreí. Y descubrí que mi victoria no estaba tan ligada a la forma en que yo había cambiado físicamente como a la manera en que he vencido mental y espiritualmente.

Sí, he perdido kilos y centímetros, pero la verdadera victoria está en no llevar un lastre mental y espiritual causado por una sensación constante de derrota. Esa libertad y la apariencia saludable no guardan relación con la talla de una persona. Hay mujeres delgadas que arrastran dolorosamente un lastre espiritual y emocional ocasionado por sentimientos de derrota similares a los de las mujeres que usan tallas mucho más grandes. Realmente pienso que en algún nivel la mayoría de las mujeres luchamos con todo ese asunto de «ser saludables». Al fin de cuentas, como dije antes, la caída de la humanidad ocurrió en torno a una circunstancia en la que una mujer fue tentada con comida. Entonces, yo creo que este es un asunto que Dios toma muy en serio.

Hemos visto a lo largo de esta travesía que Dios no solo nos manda tener una perspectiva saludable de la comida sino que nos brinda ayuda para lograrlo. Su Palabra tiene la clave para cualquiera que desee vencer los problemas referentes a la comida, ya sean leves, graves o término medio. Sus verdades nos conducen a la perfección, nos guían, nos enseñan, y nos indican la dirección correcta. Y él ha demostrado ser fiel en cuanto a su promesa de salvarnos: «Trastornados por su rebeldía, afligidos por su iniquidad, todo alimento les causaba asco. ¡Llegaron a las puertas mismas de la muerte! En su angustia clamaron al SEÑOR, y él los salvó de su aflicción» (Salmo 107:17–19).

> *Dios no solo nos manda tener una perspectiva saludable de la comida sino que nos brinda ayuda para lograrlo.*

Me identifico mucho con este versículo. Ustedes conocen mi historia. Me convertí en una tonta, llena de hábitos tontos en cuanto a la comida. Me rebelé contra las opciones saludables, las porciones realistas, y la necesidad de tratar este asunto en mi vida. Me encantaba la comida durante esos pocos minutos que me llevaba consumirla. Pero aborrecía esa misma comida después de atiborrarme. Padecí aflicciones en el sentido físico, emocional y espiritual debido a mi negativa a reconocer que la comida ha sido hecha para que la consumiera en mi beneficio. No ha sido pensada para mi perjuicio, ni para consumirme ella a mí.

Aunque no puedo decir que estuviera acercándome a las puertas de la muerte en lo físico, sí estaba llegando a un sentido de derrota total. Como me condenaba en secreto, arrastraba una culpa inmensa y eso hacía que me enojara con Dios por lo que me parecía una maldición injusta, lo que evidenciaba que el problema era más grande de lo que yo me atrevía a reconocer.

Cuando mis amigas consumidoras de chatarra de pronto encontraban una motivación que yo no podía lograr, reaccionaba poniéndome molesta y gruñona. Es difícil superar que las amigas gordas se vuelvan flacas. Así que yo fingía estar perfectamente contenta, y me justificaba diciendo: «Ah, qué más da. Comparado con muchas otras cosas que yo podría hacer, esto realmente no es importante. Otro bizcocho de chocolate, por favor».

Pero me moría por dentro. Y me preguntaba si vencer en esta lucha sería siquiera posible.

Esa es una situación terrible.

Qué maravilloso es que Dios descubra y sepa tratar de manera tan específica la lucha que una mujer tiene con la comida. Lee este salmo otra vez: «Trastornados por su rebeldía, afligidos por su iniquidad, todo alimento les causaba asco. ¡Llegaron a las puertas mismas de la muerte! En su angustia clamaron al SEÑOR, y él los salvó de su aflicción» (Salmo 107:17–19).

¿Y cómo los salvó?

¿Cómo salva él a una persona con problemas como los míos?

¿Cómo salva él a la chica anoréxica que realmente aborrece toda la comida?

¿Cómo salva a aquellas tan obesas que en verdad están a las puertas de la muerte?

¿Cómo nos salva él a cualquiera de nosotras que actúe de forma tonta y rebelde?

El próximo versículo de este mismo capítulo da la respuesta: «Envió su palabra para sanarlos, y así los rescató del sepulcro».

Él envió su Palabra. Y su Palabra, la Biblia, ¡los sanó! ¿Alguien puede decir amén, por favor?

Las mujeres que aman a Jesús no están hechas para permanecer en estado de derrota.

No lo estamos.

Fuimos creadas para caminar por sendas que llevan a la victoria. Eso no significa que esos caminos estén exentos de luchas y que no necesitemos aprender a vencer. Enfrentaremos luchas, porque las lecciones sobre cómo vencer son uno de los mejores regalos de Dios.

Tener problemas con el peso no constituye una maldición de Dios para nosotros. Es solo la manifestación externa de una lucha interna.

Así como la deuda para el que gasta demasiado o una casa repleta para el que acapara cosas, los problemas con el peso son una señal de que necesitamos salir de ciertos hábitos dañinos.

Así que Dios envió su Palabra, y a través de las páginas de este libro yo me he sentido llamada a examinar las verdades de Dios desde la perspectiva de una mujer que necesita ayuda para ser saludable. Esto no es solo para que todas podamos sentirnos saludables en el aspecto físico, sino para que podamos alcanzar un nivel de salud espiritual y vivir como vencedoras y no como víctimas.

Precisamente el otro día encontré algunos de los versículos más fascinantes acerca de alcanzar la victoria en el libro de Apocalipsis. Normalmente ese es un libro de la Biblia que me asusta un poco; me parece que resulta necesario contar con un diploma de algún tipo para poder abrirlo. Pero la semana pasada, en la iglesia, el pastor leyó un versículo que me intrigó. Así que fui a buscar ese versículo y pronto me quedé intrigada por varios versículos más.

Estaba recorriendo el Apocalipsis como aquella muchacha que llega a una tienda y encuentra que los maniquíes tienen ropa que ella puede comprar y que es exactamente lo que ella deseaba encontrar en su talla.

Tener problemas con el peso no constituye una maldición de Dios para nosotros. Es solo la manifestación externa de una lucha interna.

Eso probablemente no tenga sentido para nadie más que para mí. ¿Quién compararía la lectura del Apocalipsis con ir de compras? Pero, ¡qué emoción es encontrar algo que a uno le quepa en distintos sentidos!

Como dije, no me corresponde tratar de comentar versículos hechos para los pasillos de un seminario, pero ese día estaban hechos para alguien simple como yo, camino a aprender cómo vencer. Y yo lo sabía. Mira lo que dice: «Al que salga vencedor le daré derecho a *comer* del árbol de la vida, que está en el paraíso de Dios» (Apocalipsis 2:7, énfasis mío).

Comenzamos esta trayectoria en Génesis, cuando Eva cedió a la tentación ante la comida. Luego, a lo largo del Antiguo Testamento encontramos a los israelitas, el pueblo de Dios, batallando con la comida. ¿Recuerdas la lección que Dios les dio en el desierto acerca de depender de él para recibir su porción diaria de maná? También encontramos los Salmos, ricos en versículos que hacen referencia a la comida. Incluso en el libro de Filipenses, en el Nuevo Testamento, Dios nos advierte que no dejemos que el estómago se convierta en un ídolo en nuestras vidas. Ahora llegamos al final de la Biblia y una vez más aparece un versículo fundamental sobre la comida.

Este tal vez sea el versículo que me produce mayor emoción en el corazón.

Para descubrir por qué, leámoslo una vez más, y luego separémoslo en partes para desentrañar el tesoro escondido en él.

«Al que salga vencedor le daré derecho a *comer* del árbol de la vida, que está en el paraíso de Dios» (Apocalipsis 2:7, énfasis mío).

¿Acaso no resulta emocionante saber que podemos vencer? Es posible ser más que aquellos que apenas *manejan* bien sus luchas. ¡Este versículo habla de los que *vencen*! En otras palabras, se refiere a aquellos que encuentran la victoria absoluta en una esfera en la que en un tiempo solo obtuvieron derrotas.

Y habrá una recompensa por persistir en la luchaa hasta alcanzar la victoria absoluta. Prácticamente todos los que logran vencer nos dirán que su victoria es la suma total de muchas decisiones sabias, de decisiones sacrificadas, que fueron tomando una tras otra, día tras día. Sí, saber que nos aguarda un premio es algo crucial. ¡Y que ilusionada estoy al saber que el premio que se les dará a los que venzan será el derecho a *comer*! Comer del árbol de la vida será alcanzar una satisfacción diferente de todas las que hayamos conocido jamás. Y debo señalar que, ya que dice que este árbol está ubicado en el paraíso, estaremos comiendo en el cielo.

Sí, señor. Digan amén otra vez, por favor.

Es por eso que sonreí mientras estaba parada en la fila de la caja del supermercado que mencioné al comienzo del capítulo. Las circunstancias eran las mismas. Las revistas seguían colocadas de manera estratégica para llamar la atención. Las modelos también estaban pintadas con aerógrafo de manera irreal. Y yo seguía necesitando comprar comida.

> *Prácticamente todos los que logran vencer nos dirán que su victoria es la suma total de muchas decisiones sabias, de decisiones sacrificadas, que fueron tomando una tras otra, día tras día.*

Pero mi reacción a todas esas circunstancias cambió porque yo había cambiado por dentro. He encontrado mi «querer» física, emocional y espiritualmente. Mis decisiones saludables me hacen sentir fortalecida y no privada de algo. Los nuevos guiones saludables me salen de forma natural, porque no son solo reglas que sigo sino la manera natural en que pienso con respecto a la comida. Y me emociona que este sea mi estilo de vida. De verdad que sí.

Espero que a ti también. Reconozco que me entristece un poco que el libro se esté acabando. He disfrutado caminar contigo durante este trayecto. Pero aunque el libro se vaya terminando, el vivir su mensaje apenas comienza.

Atrévete a poner los pies firmemente en el camino a la victoria para el que fuiste diseñada. Andar por el camino que lleva a la victoria o a la derrota lo determinará la próxima elección que hagamos. No es lo que escogimos ayer. Ni lo que escogimos hace cinco minutos.

Es la próxima elección. Precisamente la próxima. Que sea la elección de una vencedora. Una vencedora que fue hecha para tener ansias solo de Dios.

Preguntas para la reflexión

1. Parada en la fila para pagar en el supermercado, Lysa experimenta una victoria que ella atribuye más a los cambios mentales y espirituales que a los cambios físicos. ¿Qué factores marcaron la mayor diferencia en cuanto a obtener victoria con la comida? ¿Fue planificar la comida? ¿Acaso las disciplinas espirituales como la oración y comer la Palabra de Dios? ¿Cambiar tus viejos y repetidos guiones? ¿Qué cosas son la clave del éxito continuo?

2. La promesa de Dios en el Salmo 107:17–20 es que él escucha nuestra angustia y nos sana con su Palabra. ¿De qué manera ha escuchado Dios tu angustia en cuanto a tus luchas con la comida? ¿Qué papel han desempeñado las Escrituras para ayudarte a experimentar la sanidad de Dios?

3. «Al que salga vencedor le daré derecho a comer del árbol de la vida, que está en el paraíso de Dios» (Apocalipsis 2:7). Este versículo indica que no solo es posible vencer en nuestras luchas sino que hay un premio para aquellos que lo hagan, ¡e implica comer! ¿De qué modo te anima esta promesa a medida que prosigues en tu aventura de comer saludable?

Versículos que aparecen en los capítulos

Estos versículos aparecen en los capítulo o se aplican a los temas tratados en esos capítulos.

CAPÍTULO 1: ¿Qué es lo que está pasando en realidad?

Salmo 84:1-2

¡Cuán hermosas son tus moradas, Señor Todopoderoso!

Anhelo con el alma los atrios del Señor; casi agonizo por estar en ellos.

Con el corazón, con todo el cuerpo, canto alegre al Dios de la vida.

1 Juan 2:15-16

No amen al mundo ni nada de lo que hay en él. Si alguien ama al mundo, no tiene el amor del Padre. Porque nada de lo que hay en el mundo —los malos deseos del cuerpo, la codicia de los ojos y la arrogancia de la vida— proviene del Padre sino del mundo.

Génesis 3:6

La mujer vio que el fruto del árbol era bueno para comer, y que tenía buen aspecto y era deseable para adquirir sabiduría, así que tomó de su fruto y comió. Luego le dio a su esposo, y también él comió.

Mateo 4:1-11

Luego el Espíritu llevó a Jesús al desierto para que el diablo lo sometiera a tentación. Después de ayunar cuarenta días y cuarenta noches, tuvo hambre. El tentador se le acercó y le propuso:

—Si eres el Hijo de Dios, ordena a estas piedras que se conviertan en pan.

Jesús le respondió:

—Escrito está: «No sólo de pan vive el hombre, sino de toda palabra que sale de la boca de Dios».

Luego el diablo lo llevó a la ciudad santa e hizo que se pusiera de pie sobre la parte más alta del templo, y le dijo:

—Si eres el Hijo de Dios, tírate abajo. Porque escrito está:

«Ordenará que sus ángeles te sostengan en sus manos, para que no tropieces con piedra alguna».

—También está escrito: «No pongas a prueba al Señor tu Dios» —le contestó Jesús.

De nuevo lo tentó el diablo, llevándolo a una montaña muy alta, y le mostró todos los reinos del mundo y su esplendor.

—Todo esto te daré si te postras y me adoras.

—¡Vete, Satanás! —le dijo Jesús—. Porque escrito está: «Adora al Señor tu Dios y sírvele solamente a él».

Entonces el diablo lo dejó, y unos ángeles acudieron a servirle.

CAPÍTULO 2: **Cómo reemplazar esas ansias**

Salmo 78:18

Con toda intención pusieron a Dios a prueba, y le exigieron comida a su antojo.

Salmo 5:1-3

Atiende, SEÑOR, a mis palabras; toma en cuenta mis gemidos.

Escucha mis súplicas, rey mío y Dios mío, porque a ti elevo mi plegaria.

Por la mañana, SEÑOR, escuchas mi clamor; por la mañana te presento mis ruegos, y quedo a la espera de tu respuesta.

CAPÍTULO 3: **Buscar un plan**

Lucas 8:15

Pero la parte que cayó en buen terreno son los que oyen la palabra con corazón noble y bueno, y la retienen; y como perseveran, producen una buena cosecha.

Isaías 43:18-19

Olviden las cosas de antaño; ya no vivan en el pasado.

¡Voy a hacer algo nuevo!

Ya está sucediendo, ¿no se dan cuenta?

Estoy abriendo un camino en el desierto, y ríos en lugares desolados.

Salmo 34:4-8

Busqué al SEÑOR, y él me respondió; me libró de todos mis temores.

Radiantes están los que a él acuden; jamás su rostro se cubre de vergüenza.

Este pobre clamó, y el Señor le oyó y lo libró de todas sus angustias.

El ángel del Señor acampa en torno a los que le temen; a su lado está para librarlos.

Prueben y vean que el Señor es bueno; dichosos los que en él se refugian.

CAPÍTULO 4: Las amigas no dejan que sus amigas coman sin pensarlo antes

Eclesiastés 4:9-10, 12

Más valen dos que uno, porque obtienen más fruto de su esfuerzo.

Si caen, el uno levanta al otro. ¡Ay del que cae y no tiene quien lo levante!

Uno solo puede ser vencido, pero dos pueden resistir. ¡La cuerda de tres hilos no se rompe fácilmente!

Génesis 25:29-34

Un día, cuando Jacob estaba preparando un guiso, Esaú llegó agotado del campo y le dijo:

—Dame de comer de ese guiso rojizo, porque estoy muy cansado. (Por eso a Esaú se le llamó Edom.)

—Véndeme primero tus derechos de hijo mayor —le respondió Jacob.

—Me estoy muriendo de hambre —contestó Esaú—, así que ¿de qué me sirven los derechos de primogénito?

—Véndeme entonces los derechos bajo juramento —insistió Jacob.

Esaú se lo juró, y fue así como le vendió a Jacob sus derechos de primogénito. Jacob, por su parte, le dio a Esaú pan y guiso de lentejas.

Luego de comer y beber, Esaú se levantó y se fue. De esta manera menospreció sus derechos de hijo mayor.

CAPÍTULO 5: Fui hecha para más que eso

Efesios 1:17-20

Pido que el Dios de nuestro Señor Jesucristo, el Padre glorioso, les dé el Espíritu de sabiduría y de revelación, para que lo conozcan mejor. Pido también que les sean iluminados los ojos del corazón para que sepan a qué esperanza él los ha llamado, cuál es la riqueza de su gloriosa herencia entre los santos, y cuán incomparable es la grandeza de su poder a favor de los que creemos. Ese poder es la fuerza grandiosa y eficaz que Dios ejerció en Cristo cuando lo resucitó de entre los muertos y lo sentó a su derecha en las regiones celestiales.

Romanos 3:24

Pero por su gracia son justificados gratuitamente mediante la redención que Cristo Jesús efectuó.

Romanos 8:1-2

Por lo tanto, ya no hay ninguna condenación para los que están unidos a Cristo Jesús, pues por medio de él la ley del Espíritu de vida me ha liberado de la ley del pecado y de la muerte.

1 Corintios 1:2

A la iglesia de Dios que está en Corinto, a los que han sido santificados en Cristo Jesús y llamados a ser su santo pueblo, junto con todos los que en todas partes invocan el nombre de nuestro Señor Jesucristo, Señor de ellos y de nosotros.

1 Corintios 1:30

Pero gracias a él ustedes están unidos a Cristo Jesús, a quien Dios ha hecho nuestra sabiduría —es decir, nuestra justificación, santificación y redención.

2 Corintios 5:17

Por lo tanto, si alguno está en Cristo, es una nueva creación. ¡Lo viejo ha pasado, ha llegado ya lo nuevo!

Efesios 1:4

Dios nos escogió en él antes de la creación del mundo, para que seamos santos y sin mancha delante de él.

Efesios 2:13

Pero ahora en Cristo Jesús, a ustedes que antes estaban lejos, Dios los ha acercado mediante la sangre de Cristo.

Efesios 3:12

En él, mediante la fe, disfrutamos de libertad y confianza para acercarnos a Dios.

Romanos 8:37

Sin embargo, en todo esto somos más que vencedores por medio de aquel que nos amó.

CAPÍTULO 6: **Acercarnos más a Dios**

Lucas 9:23

Dirigiéndose a todos, declaró:

—Si alguien quiere ser mi discípulo, que se niegue a sí mismo, lleve su cruz cada día y me siga.

Gálatas 5:22-23

En cambio, el fruto del Espíritu es amor, alegría, paz, paciencia, amabilidad, bondad, fidelidad, humildad y dominio propio. No hay ley que condene estas cosas.

Gálatas 5:16

Así que les digo: Vivan por el Espíritu, y no seguirán los deseos de la naturaleza pecaminosa.

Romanos 8:11

Y si el Espíritu de aquel que levantó a Jesús de entre los muertos vive en ustedes, el mismo que levantó a Cristo de entre los muertos también dará vida a sus cuerpos mortales por medio de su Espíritu, que vive en ustedes.

Gálatas 5:25

Si el Espíritu nos da vida, andemos guiados por el Espíritu.

Juan 4:34

—Mi alimento es hacer la voluntad del que me envió y terminar su obra —les dijo Jesús—.

Filipenses 3:13-16

Hermanos, no pienso que yo mismo lo haya logrado ya. Más bien, una cosa hago: olvidando lo que queda atrás y esforzándome por alcanzar lo que está delante, sigo avanzando hacia la meta para ganar el premio que Dios ofrece mediante su llamamiento celestial en Cristo Jesús.

Así que, ¡escuchen los perfectos! Todos debemos tener este modo de pensar. Y si en algo piensan de forma diferente, Dios les hará ver esto también. En todo caso, vivamos de acuerdo con lo que ya hemos alcanzado.

Filipenses 3:18-19

Como les he dicho a menudo, y ahora lo repito hasta con lágrimas, muchos se comportan como enemigos de la cruz de Cristo. Su destino es la destrucción, adoran al dios de sus propios deseos y se enorgullecen de lo que es su vergüenza. Sólo piensan en lo terrenal.

Filipenses 3:20-21

En cambio, nosotros somos ciudadanos del cielo, de donde anhelamos recibir al Salvador, el Señor Jesucristo. Él transformará nuestro cuerpo miserable para que sea como su cuerpo glorioso, mediante el poder con que somete a sí mismo todas las cosas.

CAPÍTULO 7: Los números no me definen

Isaías 45:23

He jurado por mí mismo, con integridad he pronunciado una palabra irrevocable: Ante mí se doblará toda rodilla, y por mí jurará toda lengua.

2 Pedro 1:3-11

Su divino poder, al darnos el conocimiento de aquel que nos llamó por su propia gloria y potencia, nos ha concedido todas las cosas que necesitamos para vivir como Dios manda. Así Dios nos ha entregado sus preciosas y magníficas promesas para que ustedes, luego de escapar de la corrupción que hay en el mundo debido a los malos deseos, lleguen a tener parte en la naturaleza divina. Precisamente por eso, esfuércense por añadir a su fe, virtud; a su virtud, entendimiento; al entendimiento, dominio propio; al dominio propio, constancia; a la constancia, devoción a Dios; a la devoción a Dios, afecto fraternal; y al afecto fraternal, amor. Porque estas cualidades, si abundan en ustedes, les harán crecer en el conocimiento de nuestro Señor Jesucristo, y evitarán que sean inútiles e improductivos. En cambio, el que no las tiene es tan corto de vista que ya ni ve, y se olvida de que ha sido limpiado de sus antiguos pecados. Por lo tanto, hermanos, esfuércense más todavía por asegurarse del llamado de Dios, que fue quien los eligió. Si hacen estas cosas, no caerán jamás, y se les abrirán de par en par las puertas del reino eterno de nuestro Señor y Salvador Jesucristo.

2 Corintios 10:5

Destruimos argumentos y toda altivez que se levanta contra el conocimiento de Dios, y llevamos cautivo todo pensamiento para que se someta a Cristo.

1 Tesalonicenses 2:12

Los hemos animado, consolado y exhortado a llevar una vida digna de Dios, que los llama a su reino y a su gloria.

2 Corintios 7:1

Como tenemos estas promesas, queridos hermanos, purifiquémonos de todo lo que contamina el cuerpo y el espíritu, para completar en el temor de Dios la obra de nuestra santificación.

Efesios 5:26

Para hacerla santa. Él la purificó, lavándola con agua mediante la palabra,

CAPÍTULO 8: Reconciliarme con la realidad de mi cuerpo

Salmo 103:1-5

Alaba, alma mía, al Señor; alabe todo mi ser su santo nombre.

Alaba, alma mía, al Señor, y no olvides ninguno de sus beneficios.

Él perdona todos tus pecados y sana todas tus dolencias; él rescata tu vida del sepulcro y te cubre de amor y compasión; él colma de bienes tu vida y te rejuvenece como a las águilas.

Efesios 2:10

Porque somos hechura de Dios, creados en Cristo Jesús para buenas obras, las cuales Dios dispuso de antemano a fin de que las pongamos en práctica.

2 Corintios 4:16

Por tanto, no nos desanimamos. Al contrario, aunque por fuera nos vamos desgastando, por dentro nos vamos renovando día tras día.

Romanos 12:1-8

Por lo tanto, hermanos, tomando en cuenta la misericordia de Dios, les ruego que cada uno de ustedes, en adoración espiritual, ofrezca su cuerpo como sacrificio vivo, santo y agradable a Dios. No se amolden al mundo actual, sino sean transformados mediante la renovación de su mente. Así podrán comprobar cuál es la voluntad de Dios, buena, agradable y perfecta.

Por la gracia que se me ha dado, les digo a todos ustedes: Nadie tenga un concepto de sí más alto que el que debe tener, sino más bien piense de sí mismo con moderación, según la medida de fe que Dios le haya dado. Pues así como cada uno de nosotros tiene un solo cuerpo con muchos miembros, y no todos estos miembros desempeñan la misma función, también nosotros, siendo muchos, formamos un solo cuerpo en Cristo, y cada miembro está unido a todos los demás. Tenemos dones diferentes, según la gracia que se nos ha dado. Si el don de alguien es el de profecía, que lo use en proporción con su fe; si es el de prestar un servicio, que lo preste; si es el de enseñar, que enseñe; si es el de animar a otros, que los anime; si es el de socorrer a los necesitados, que dé con generosidad; si es el de dirigir, que dirija con esmero; si es el de mostrar compasión, que lo haga con alegría.

CAPÍTULO 9: ¡El ejercicio me produce ganas de llorar!

Salmo 73:26

Podrán desfallecer mi cuerpo y mi espíritu, pero Dios fortalece mi corazón; él es mi herencia eterna.

Salmo 86:11-12

Instrúyeme, SEÑOR, en tu camino para conducirme con fidelidad.
Dame integridad de corazón para temer tu nombre.
Señor mi Dios, con todo el corazón te alabaré, y por siempre glorificaré tu nombre.

1 Corintios 6:19-20

¿Acaso no saben que su cuerpo es templo del Espíritu Santo, quien está en ustedes y al que han recibido de parte de Dios? Ustedes no son sus propios dueños; fueron comprados por un precio. Por tanto, honren con su cuerpo a Dios.

Hageo 1:2-8

«Así dice el SEÑOR Todopoderoso: "Este pueblo alega que todavía no es el momento apropiado para ir a reconstruir la casa del SEÑOR."»
También vino esta palabra del SEÑOR por medio del profeta Hageo:
«¿Acaso es el momento apropiado para que ustedes residan en casas techadas mientras que esta casa está en ruinas?»
Así dice ahora el SEÑOR Todopoderoso:
«¡Reflexionen sobre su proceder!
»Ustedes siembran mucho, pero cosechan poco; comen, pero no quedan satisfechos; beben, pero no llegan a saciarse; se visten, pero no logran abrigarse; y al jornalero se le va su salario como por saco roto.»
Así dice el SEÑOR Todopoderoso:
«¡Reflexionen sobre su proceder!

»Vayan ustedes a los montes; traigan madera y reconstruyan mi casa. Yo veré su reconstrucción con gusto, y manifestaré mi gloria —dice el Señor—.

Ezequiel 6:9-10

Los sobrevivientes se acordarán de mí en las naciones donde hayan sido llevados cautivos. Se acordarán de cómo sufrí por culpa de su corazón adúltero, y de cómo se apartaron de mí y se fueron tras sus ídolos malolientes. ¡Sentirán asco de ellos mismos por todas las maldades que hicieron y por sus obras repugnantes! Entonces sabrán que no en vano yo, el Señor, los amenacé con estas calamidades.

Salmo 90:12

Enséñanos a contar bien nuestros días, para que nuestro corazón adquiera sabiduría.

Salmo 39:4

Hazme saber, Señor , el límite de mis días, y el tiempo que me queda por vivir; hazme saber lo efímero que soy.

Salmo 40:8

Me agrada, Dios mío, hacer tu voluntad; tu ley la llevo dentro de mí.

Hebreos 12:1

Por tanto, también nosotros, que estamos rodeados de una multitud tan grande de testigos, despojémonos del lastre que nos estorba, en especial del pecado que nos asedia, y corramos con perseverancia la carrera que tenemos por delante.

CAPÍTULO 10: ¡Esto no es justo!

2 Corintios 12:9-10

Pero él me dijo: «Te basta con mi gracia, pues mi poder se perfecciona en la debilidad.» Por lo tanto, gustosamente haré más bien alarde de mis debilidades, para que permanezca sobre mí el poder de Cristo. Por eso me regocijo en debilidades, insultos, privaciones, persecuciones y dificultades que sufro por Cristo; porque cuando soy débil, entonces soy fuerte.

Santiago 1:2-4

Hermanos míos, considérense muy dichosos cuando tengan que enfrentarse con diversas pruebas, pues ya saben que la prueba de su fe produce constancia. Y la constancia debe llevar a feliz término la obra, para que sean perfectos e íntegros, sin que les falte nada.

1 Pedro 5:6-10

Humíllense, pues, bajo la poderosa mano de Dios, para que él los exalte a su debido tiempo. Depositen en él toda ansiedad, porque él cuida de ustedes.

Practiquen el dominio propio y manténganse alerta. Su enemigo el diablo ronda como león rugiente, buscando a quién devorar. Resístanlo, manteniéndose firmes en la fe, sabiendo que sus hermanos en todo el mundo están soportando la misma clase de sufrimientos.

Y después de que ustedes hayan sufrido un poco de tiempo, Dios mismo, el Dios de toda gracia que los llamó a su gloria eterna en Cristo, los restaurará y los hará fuertes, firmes y estables.

CAPÍTULO 11: Un día terrible, espantoso, pésimo, y para nada bueno

Deuteronomio 2:3

Dejen ya de andar rondando por estas montañas, y diríjanse al norte.

Romanos 8:26

Así mismo, en nuestra debilidad el Espíritu acude a ayudarnos. No sabemos qué pedir, pero el Espíritu mismo intercede por nosotros con gemidos que no pueden expresarse con palabras.

Efesios 3:17-19

Para que por fe Cristo habite en sus corazones. Y pido que, arraigados y cimentados en amor, puedan comprender, junto con todos los santos, cuán ancho y largo, alto y profundo es el amor de Cristo; en fin, que conozcan ese amor que sobrepasa nuestro conocimiento, para que sean llenos de la plenitud de Dios.

1 Juan 3:1

¡Fíjense qué gran amor nos ha dado el Padre, que se nos llame hijos de Dios! ¡Y lo somos! El mundo no nos conoce, precisamente porque no lo conoció a él.

Salmo 103:17

Pero el amor del SEÑOR es eterno y siempre está con los que le temen; su justicia está con los hijos de sus hijos.

Romanos 8:38-39

Pues estoy convencido de que ni la muerte ni la vida, ni los ángeles ni los demonios, ni lo presente ni lo por venir, ni los poderes, ni lo alto ni lo profundo, ni cosa alguna en toda la creación, podrá apartarnos del amor que Dios nos ha manifestado en Cristo Jesús nuestro Señor.

Salmo 89:2

Declararé que tu amor permanece firme para siempre, que has afirmado en el cielo tu fidelidad.

1 Juan 4:9

Así manifestó Dios su amor entre nosotros: en que envió a su Hijo unigénito al mundo para que vivamos por medio de él.

Romanos 5:5

Y esta esperanza no nos defrauda, porque Dios ha derramado su amor en nuestro corazón por el Espíritu Santo que nos ha dado.

Salmo 103:8

El Señor es clemente y compasivo, lento para la ira y grande en amor.

1 Juan 2:5

En cambio, el amor de Dios se manifiesta plenamente en la vida del que obedece su palabra. De este modo sabemos que estamos unidos a él.

Apocalipsis 3:8

Conozco tus obras. Mira que delante de ti he dejado abierta una puerta que nadie puede cerrar. Ya sé que tus fuerzas son pocas, pero has obedecido mi palabra y no has renegado de mi nombre.

1 Tesalonicenses 2:13

Así que no dejamos de dar gracias a Dios, porque al oír ustedes la palabra de Dios que les predicamos, la aceptaron no como palabra humana sino como lo que realmente es, palabra de Dios, la cual actúa en ustedes los creyentes.

Hebreos 2:14, 18

Por tanto, ya que ellos son de carne y hueso, él también compartió esa naturaleza humana para anular, mediante la muerte, al que tiene el dominio de la muerte —es decir, al diablo— ...Por haber sufrido él mismo la tentación, puede socorrer a los que son tentados.

Hebreos 3:1

Por lo tanto, hermanos, ustedes que han sido santificados y que tienen parte en el mismo llamamiento celestial, consideren a Jesús, apóstol y sumo sacerdote de la fe que profesamos.

CAPÍTULO 12: La maldición de los pantalones vaqueros estrechos

Juan 15:9-12

Así como el Padre me ha amado a mí, también yo los he amado a ustedes. Permanezcan en mi amor. Si obedecen mis mandamientos, permanecerán en mi amor, así como yo he obedecido los mandamientos de mi Padre y permanezco en su amor. Les he dicho esto para que tengan mi alegría y así su alegría sea completa. Y éste es mi mandamiento: que se amen los unos a los otros, como yo los he amado.

Isaías 55:8-12

Porque mis pensamientos no son los de ustedes, ni sus caminos son los míos —afirma el SEÑOR—.

Mis caminos y mis pensamientos son más altos que los de ustedes; ¡más altos que los cielos sobre la tierra!

Así como la lluvia y la nieve descienden del cielo, y no vuelven allá sin regar antes la tierra y hacerla fecundar y germinar para que dé semilla al que siembra y pan al que come, así es también la palabra que sale de mi boca:

No volverá a mí vacía, sino que hará lo que yo deseo y cumplirá con mis propósitos.

Ustedes saldrán con alegría y serán guiados en paz.

A su paso, las montañas y las colinas prorrumpirán en gritos de júbilo y aplaudirán todos los árboles del bosque.

Santiago 1:2-4

Hermanos míos, considérense muy dichosos cuando tengan que enfrentarse con diversas pruebas, pues ya saben que la prueba de su fe produce constancia. Y la constancia debe llevar a feliz término la obra, para que sean perfectos e íntegros, sin que les falte nada.

CAPÍTULO 13: **Los excesos**

Proverbios 23:20-21

No te juntes con los que beben mucho vino, ni con los que se hartan de carne, pues borrachos y glotones, por su indolencia, acaban harapientos y en la pobreza.

Proverbios 28:7

El hijo entendido se sujeta a la ley; el derrochador deshonra a su padre.

Salmo 42:1-2

Cual ciervo jadeante en busca del agua, así te busca, oh Dios, todo mi ser.

Tengo sed de Dios, del Dios de la vida. ¿Cuándo podré presentarme ante Dios?

Salmo 143:6

Hacia ti extiendo las manos; me haces falta, como el agua a la tierra seca.

Éxodo 16:2-4

Allí, en el desierto, toda la comunidad murmuró contra Moisés y Aarón:

—¡Cómo quisiéramos que el SEÑOR nos hubiera quitado la vida en Egipto! —les decían los israelitas—. Allá nos sentábamos en torno a las ollas de carne y comíamos pan hasta saciarnos. ¡Ustedes han traído nuestra comunidad a este desierto para matarnos de hambre a todos!

Entonces el SEÑOR le dijo a Moisés: «Voy a hacer que les llueva pan del cielo. El pueblo deberá salir todos los días a recoger su ración diaria. Voy a ponerlos a prueba, para ver si cumplen o no mis instrucciones.

Lamentaciones 3:22-24

El gran amor del SEÑOR nunca se acaba, y su compasión jamás se agota.

Cada mañana se renuevan sus bondades; ¡muy grande es su fidelidad!

Por tanto, digo: «El SEÑOR es todo lo que tengo. ¡En él esperaré!»

Salmo 107:9

¡Él apaga la sed del sediento, y sacia con lo mejor al hambriento!

CAPÍTULO 14: Vacío emocional

Filipenses 4:8

Por último, hermanos, consideren bien todo lo verdadero, todo lo respetable, todo lo justo, todo lo puro, todo lo amable, todo lo digno de admiración, en fin, todo lo que sea excelente o merezca elogio.

Eclesiastés 3:11

Dios hizo todo hermoso en su momento, y puso en la mente humana el sentido del tiempo, aun cuando el hombre no alcanza a comprender la obra que Dios realiza de principio a fin.

CAPÍTULO 15: El demonio en el afiche de las papitas

Salmo 106:14

En el desierto cedieron a sus propios deseos; en los páramos pusieron a prueba a Dios.

CAPÍTULO 16: Por qué las dietas no funcionan

1 Corintios 10:12-14

Por lo tanto, si alguien piensa que está firme, tenga cuidado de no caer. Ustedes no han sufrido ninguna tentación que no sea común al género humano. Pero Dios es fiel, y no permitirá que ustedes sean tentados más allá de lo que puedan aguantar. Más bien, cuando llegue la tentación, él les dará también una salida a fin de que puedan resistir.

Por tanto, mis queridos hermanos, huyan de la idolatría.

Colosenses 2:20-23

Si con Cristo ustedes ya han muerto a los principios de este mundo, ¿por qué, como si todavía pertenecieran al mundo, se someten a preceptos tales como: «No tomes en tus manos, no pruebes, no toques»? Estos preceptos, basados en reglas y enseñanzas humanas, se refieren a cosas que van a desaparecer con el uso. Tienen sin duda apariencia de sabiduría, con su afectada piedad, falsa humildad y severo trato del cuerpo, pero de nada sirven frente a los apetitos de la naturaleza pecaminosa.

2 Corintios 6:16

¿En qué concuerdan el templo de Dios y los ídolos? Porque nosotros somos templo del Dios viviente. Como él ha dicho: «Viviré con ellos y caminaré entre ellos. Yo seré su Dios, y ellos serán mi pueblo.»

CAPÍTULO 17: **La próxima elección que hagamos**

2 Corintios 7:1

Como tenemos estas promesas, queridos hermanos, purifiquémonos de todo lo que contamina el cuerpo y el espíritu, para completar en el temor de Dios la obra de nuestra santificación.

Efesios 4:22-24

Con respecto a la vida que antes llevaban, se les enseñó que debían quitarse el ropaje de la vieja naturaleza, la cual está corrompida por los deseos engañosos; ser renovados en la actitud de su mente; y ponerse el ropaje de la nueva naturaleza, creada a imagen de Dios, en verdadera justicia y santidad.

Romanos 6:19

Hablo en términos humanos, por las limitaciones de su naturaleza humana. Antes ofrecían ustedes los miembros de su cuerpo para servir a la impureza, que lleva más y más a la maldad; ofrézcanlos ahora para servir a la justicia que lleva a la santidad.

Salmo 78:12-18

Los milagros que hizo a la vista de sus padres en la tierra de Egipto, en la región de Zoán.

Partió el mar en dos para que ellos lo cruzaran, mientras mantenía las aguas firmes como un muro.

De día los guió con una nube, y toda la noche con luz de fuego.

En el desierto partió en dos las rocas, y les dio a beber torrentes de aguas; hizo que brotaran arroyos de la peña y que las aguas fluyeran como ríos.

Pero ellos volvieron a pecar contra él; en el desierto se rebelaron contra el Altísimo.

Con toda intención pusieron a Dios a prueba, y le exigieron comida a su antojo.

Salmo 78:21

Cuando el Señor oyó esto, se puso muy furioso; su enojo se encendió contra Jacob, su ira ardió contra Israel.

Salmo 73:26

Podrán desfallecer mi cuerpo y mi espíritu, pero Dios fortalece mi corazón; él es mi herencia eterna.

Deuteronomio 8:3

Te humilló y te hizo pasar hambre, pero luego te alimentó con maná, comida que ni tú ni tus antepasados habían conocido, con lo que te enseñó que no sólo de pan vive el hombre, sino de todo lo que sale de la boca del Señor.

Santiago 1:12-25

Dichoso el que resiste la tentación porque, al salir aprobado, recibirá la corona de la vida que Dios ha prometido a quienes lo aman.

Que nadie, al ser tentado, diga: «Es Dios quien me tienta.» Porque Dios no puede ser tentado por el mal, ni tampoco tienta él a nadie. Todo lo contrario, cada uno es tentado cuando sus propios malos deseos lo arrastran y seducen. Luego, cuando el deseo ha concebido, engendra el pecado; y el pecado, una vez que ha sido consumado, da a luz la muerte.

Mis queridos hermanos, no se engañen. Toda buena dádiva y todo don perfecto descienden de lo alto, donde está el Padre que creó las lumbreras celestes, y que no cambia como los astros ni se mueve como las sombras. Por su propia voluntad nos hizo nacer mediante la palabra de verdad, para que fuéramos como los primeros y mejores frutos de su creación.

Hay que poner en práctica la palabra.

Mis queridos hermanos, tengan presente esto: Todos deben estar listos para escuchar, y ser lentos para hablar y para enojarse; pues la ira humana no produce la vida justa que Dios quiere. Por esto, despójense de toda inmundicia y de la maldad que tanto abunda, para que puedan recibir con humildad la palabra sembrada en ustedes, la cual tiene poder para salvarles la vida.

No se contenten sólo con escuchar la palabra, pues así se engañan ustedes mismos. Llévenla a la práctica. El que escucha la palabra pero no la pone en práctica es como el que se mira el rostro en un espejo y, después de mirarse, se va y se olvida en seguida de cómo es. Pero quien se fija atentamente en la ley perfecta que da libertad, y persevera en ella, no olvidando lo que ha oído sino haciéndolo, recibirá bendición al practicarla.

1 Tesalonicenses 5:23

Que Dios mismo, el Dios de paz, los santifique por completo, y conserve todo su ser —espíritu, alma y cuerpo— irreprochable para la venida de nuestro Señor Jesucristo.

CAPÍTULO 18: Algunas cosas se pierden, pero se ganan otras mejores

1 Corintios 6:12

«Todo me está permitido», pero no todo es para mi bien. Todo me está permitido, pero no dejaré que nada me domine.

Marcos 1:2-5

Sucedió como está escrito en el profeta Isaías:

«Yo estoy por enviar a mi mensajero delante de ti, el cual preparará tu camino.»

«Voz de uno que grita en el desierto: "Preparen el camino del Señor, háganle sendas derechas."»

Así se presentó Juan, bautizando en el desierto y predicando el bautismo de arrepentimiento para el perdón de pecados. Toda la gente de la región de Judea y de la ciudad de Jerusalén acudía a él. Cuando confesaban sus pecados, él los bautizaba en el río Jordán.

CAPÍTULO 19: Vivir como una vencedora

Salmo 107:17-19

Trastornados por su rebeldía, afligidos por su iniquidad, todo alimento les causaba asco.

¡Llegaron a las puertas mismas de la muerte!

En su angustia clamaron al Señor, y él los salvó de su aflicción.

Apocalipsis 2:4

Sin embargo, tengo en tu contra que has abandonado tu primer amor.

Apocalipsis 2:5

¡Recuerda de dónde has caído! Arrepiéntete y vuelve a practicar las obras que hacías al principio. Si no te arrepientes, iré y quitaré de su lugar tu candelabro.

Apocalipsis 2:7

El que tenga oídos, que oiga lo que el Espíritu dice a las iglesias. Al que salga vencedor le daré derecho a comer del árbol de la vida, que está en el paraíso de Dios.

Isaías 58:8-9, 11

Si así procedes, tu luz despuntará como la aurora, y al instante llegará tu sanidad; tu justicia te abrirá el camino, y la gloria del Señor te seguirá.

Llamarás, y el Señor responderá; pedirás ayuda, y él dirá: «¡Aquí estoy!»

Si desechas el yugo de opresión, el dedo acusador y la lengua maliciosa,…

El Señor te guiará siempre; te saciará en tierras resecas, y fortalecerá tus huesos.

Serás como jardín bien regado, como manantial cuyas aguas no se agotan.

Palabras a las que recurrir acerca de comer en forma saludable

1. Dios me ha dado poder para escoger lo que como. Se supone que yo consuma la comida. *Pero no se supone que la comida me consuma a mí.*

   «Pero él me dijo: "Te basta con mi gracia, pues mi poder se perfecciona en la debilidad." [...] porque cuando soy débil, entonces soy fuerte» (2 Corintios 12:9–10).

2. *Fui hecha para algo más* que vivir atascada en un círculo vicioso de derrota.

   «Dejen ya de andar rondando por estas montañas, y diríjanse al norte» (Deuteronomio 2:3).

3. Cuando considere transigir, hacer una concesión, iré en mi pensamiento más allá de este momento y me preguntaré: *¿Cómo me sentiré con respecto a esta decisión mañana por la mañana?*

   «¿Acaso no saben que su cuerpo es templo del Espíritu Santo, quien está en ustedes y al que han recibido de parte de Dios? Ustedes no son sus propios dueños; fueron comprados por un precio. Por tanto, honren con su cuerpo a Dios» (1 Corintios 6:19 – 20).

4. Cuando me sienta tentada, debo *eliminar la tentación* o *alejarme* de esa situación.

   «Por lo tanto, si alguien piensa que está firme, tenga cuidado de no caer. Ustedes no han sufrido ninguna tentación que no sea común al género humano. Pero Dios es fiel, y no permitirá que ustedes sean tentados más allá de lo que puedan aguantar. Más bien, cuando llegue la tentación, él les dará también una salida a fin de que puedan resistir.

   Por tanto, mis queridos hermanos, huyan de la idolatría» (1 Corintios 10:12–14).

5. Cuando haya un evento especial yo puedo encontrar *otras maneras de celebrar* en lugar de arruinar mi programa de alimentos saludables.

   «Conozco tus obras. Mira que delante de ti he dejado abierta una puerta que nadie puede cerrar» (Apocalipsis 3:8).

6. Me propongo estos límites *no como restricción* sino más bien para *definir los parámetros de mi libertad.*

«Hablo en términos humanos, por las limitaciones de su naturaleza humana. Antes ofrecían ustedes los miembros de su cuerpo para servir a la impureza, que lleva más y más a la maldad; ofrézcanlos ahora para servir a la justicia que lleva a la santidad» (Romanos 6:19).

Notas

1. http://www.pubmedcentral.nih.gov/articlerender.fcgi?artid=1856611
2. http://www.diccionarios.com/detalle.php?palabra=ansia&modo=4&
    dicc_51=on
3. http://buscon.rae.es/draeI/SrvltGUIBusUsual?TIPO_
    HTML=2&TIPO_BUS=3&LEMA=iluminado
4. Usado con permiso de Karen Ehman. Puedes encontrar este artículo en
    su encantador blog en: http://karenehman.com/home/2009/10/28/
    defined-by-obedience-not-by-a-number-and-a-giveaway/
5. Inspirational Quotes on Beauty [Citas inspiracionales sobre belle-
    za] recopiladas por Maddie Ruud: http://hubpages.com/hub/
    Quotes_on_Beauty
6. Graham, Ruth, *Fear Not Tomorrow, God Is Already There,* Howard
    Books, Nueva York, 2009, pp. 104–105.
7. 7. Greene, Bob, *The Best Life Diet,* Simon and Schuster, Nueva York,
    2006. En el prefacio de Oprah Winfrey, pp. 15–16.
8. http://buscon.rae.es/draeI/SrvltGUIBusUsual?TIPO_
    HTML=2&TIPO_BUS=3&LEMA=glotoner%EDa
9. Ingram, Chip, *The Invisible War,* Baker, Grand Rapids, 2006, p. 27.
10. http://www.cswd.org/docs/ltdietstudy.html and http://jama.amaassn.
    org/cgi/content/abstract/289/14/1792?etoc
11. Stedman, Ray, «The Things That Can Ruin Your Faith» [Las cosas que
    pueden arruinar tu fe], mensaje sobre Colosenses 2:16–23, predicado el
    25 de enero de 1987, http://www.raystedman.org.
12. El Dr. Floyd H. Chilton es profesor de Wake Forest University School of
    Medicine. Su último libro, *The Gene Smart Diet,* fue publicado en julio
    de 2009. Esta cita fue tomada de «Help, I Can't Stop Eating» [Ayúden-
    me, no puedo dejar de comer], un artículo de la revista *US Airways In
    Flight* (Junio–Julio de 2009). http://www.usairwaysmag.com/articles/
    help_i_cant_stop_eating/
13. http://www.sciencenews.org/view/generic/id/48605/title/
    Junk_food_turns_rats_into_addicts
14. *Life Application Study Bible (NIV)* nota al pie para 1 Corintios 6:12,
    Zondervan, Grand Rapids, 2004, p. 2070.
15. http://flowerdust.net/2009/12/17/what-the-scale-didnt-say/

Nos agradaría recibir noticias suyas.
Por favor, envíe sus comentarios sobre este libro
a la dirección que aparece a continuación.
Muchas gracias.

vida@zondervan.com
www.editorialvida.com